Génétique de la schizophrénie

Thierry d'Amato

Professeur de Psychiatrie, Centre Hospitalier le Vinatier, EA 3092, Université Lyon 1, 95, boulevard Pinel, 69677 Bron Cedex, thierry.damato@ch-le-vinatier.fr

Dominique Campion

Psychiatre, Docteur ès Sciences, Centre Hospitalier du Rouvray, INSERM Emi 9906, Université de Médecine de Rouen, 22, boulevard Gambetta, 76183 Rouen Cedex, dominique.campion@univ-rouen.fr

Sous la direction de

Florence Thibaut

Professeur de Psychiatrie, Centre Hospitalo-Universitaire Charles-Nicolle, INSERM Emi 9906, Université de Médecine de Rouen, 1, rue de Germont, 76031 Rouen Cedex, Florence.Thibaut@chu-rouen.fr

John Libbey EUROTEXT

Florence Thibaut est professeur de Psychatrie au CHU de Rouen depuis 1998. Elle est membre du comité exécutif de la Fédération mondiale des sociétés de Psychiatrie biologique. Elle fait partie d'une unité INSERM de Génétique moléculaire dans laquelle elle est responsable de l'axe de recherche sur la schizophrénie. Cette équipe a identifié, en 2002, la première mutation chez des patients schizophrènes.

Dominique Campion est médecin Psychiatre et chercheur dans la même unité INSERM. Il est l'auteur de nombreuses publications dans le domaine de la génétique de la schizophrénie et de la maladie d'Alzheimer.

Thierry d'Amato est professeur de Psychiatrie au CH Le Vinatier à Lyon. Il a coordonné avec Jean Dalery l'ouvrage *La schizophrénie – Recherches actuelles et perspectives* paru aux éditions Masson.

La science n'est pas une illusion. Mais ce serait une illusion de croire que nous puissions trouver ailleurs ce qu'elle ne peut pas nous donner.

S. Freud, *L'avenir d'une illusion*, 1927.

Sommaire

Introduction

La schizophrénie est une maladie propre à l'Homme, qui affecte les fonctions supérieures du cerveau et qui est caractérisée par la présence d'hallucinations et de délire, d'une dissociation mentale et d'affects émoussés ou inappropriés, symptômes se traduisant par un comportement bizarre ou inadapté du sujet atteint.

La schizophrénie constitue une préoccupation majeure de santé publique en raison :
– de sa prévalence (environ 1 % de la population) ;
– de son âge de début précoce (avant 23 ans dans 50 % des cas) ;
– des troubles du comportement qu'elle implique (prévalence élevée des suicides, de la toxicomanie et de comportements hétéroagressifs) ;
– du handicap fonctionnel qu'elle engendre. L'introduction des traitements neuroleptiques, au cours des années 1960, a certes permis de limiter la durée d'internement des patients, mais la prise en charge reste très lourde, nécessitant un important suivi sectoriel et de nombreuses réhospitalisations pour des résultats à long terme encore imparfaits (seulement 20 % des malades exercent une activité professionnelle).

La schizophrénie concourt pour près d'un tiers au budget consacré à la santé mentale en France, soit plus de 1,5 milliard d'euros par an. Les schizophrènes représentent un tiers des patients hospitalisés en institution psychiatrique. En outre, le coût de l'assistance sociale aux schizophrènes (mesure de protection des biens, allocations de ressource, etc.) s'élève à 800 millions d'euros par an (Rouillon et Limosin, 1997).

Le diagnostic est souvent difficile à établir au début de la maladie en raison de l'extrême diversité des tableaux cliniques présentés, alors même que la rapidité avec laquelle le traitement neuroleptique est mis en route contribue considérablement à améliorer le pronostic évolutif de cette maladie grave.

L'histoire du concept de schizophrénie, tel qu'il est actuellement défini, sera abordée dans le chapitre « Présentation générale de la schizophrénie ».

L'étiologie de la schizophrénie demeure mal connue même si la majorité des auteurs s'accorde actuellement à penser qu'il existe une composante génétique bien établie dans cette maladie (ou dans ce groupe de maladies) interagissant avec des facteurs environnementaux (modèle multifactoriel bio-psycho-social). Certaines hypothèses actuelles s'intégrant dans ce modèle seront détaillées dans le chapitre « Présentation générale de la schizophrénie ».

Les études d'agrégation familiale, les études d'adoption et de jumeaux plaident en faveur de l'existence d'une concentration familiale de la schizophrénie ainsi que de l'importance des facteurs génétiques dans la schizophrénie. En effet, les apparentés de premier degré de sujets schizophrènes ont un risque de développer la maladie environ dix fois plus élevé que la population générale. En outre, le taux de concordance pour la schizophrénie est de 48 % chez les jumeaux monozygotes contre seulement 17 % pour les jumeaux dizygotes. Tous les aspects concernant les études familiales seront développés dans le chapitre « Épidémiologie génétique ».

Plusieurs modèles de transmission génétique ont été proposés. Celui qui paraît le plus probable est un modèle polygénique multifactoriel à seuil dans lequel un, ou plutôt plusieurs gènes (en additionnant leurs effets ou par l'intermédiaire d'interactions plus complexes), confèrent une prédisposition à la maladie. Cette prédisposition est elle-même influencée par des facteurs environnementaux (infections virales *in utero*, complications obstétricales à la naissance, traumatismes crâniens, carences nutritionnelles graves, stress, etc.). Les facteurs environnementaux peuvent alors intervenir pour faciliter, ou au contraire empêcher, l'apparition de la maladie chez un sujet génétiquement prédisposé.

Initialement, les techniques classiques de linkage et d'association ont été utilisées pour tenter d'identifier les gènes impliqués dans la schizophrénie. La stratégie utilisée a été, dans un premier temps, celle de l'étude de polymorphismes situés sur des gènes dits candidats (comme par exemple les gènes codant pour les récepteurs sérotoninergiques, dopaminergiques, glutamatergiques, ou pour des molécules impliquées dans le neurodéveloppement). La plupart des études récentes a plutôt cherché à *screener* la totalité du génome, à la recherche de nouvelles régions candidates. Les avantages et inconvénients respectifs de ces méthodes seront développés au chapitre « Stratégies d'étude dans les maladies à hérédité complexe ».

Cependant, jusqu'alors, ces techniques classiques d'analyse génétique n'ont pas permis d'identifier les facteurs génétiques suspectés. En effet, ces études se heurtent à un certain nombre d'obstacles méthodologiques difficiles à contourner tels que :
– la difficulté à établir un phénotype clinique permettant de classer les sujets avec certitude comme atteints ou non atteints (en particulier pour les pathologies du spectre de la schizophrénie, telles que certains troubles de personnalité ou les troubles schizoaffectifs) en dépit de l'utilisation d'interviews semi-structurées et de critères diagnostiques standardisés, ou simplement parce que les sujets étudiés n'ont pas atteint l'âge limite en deçà duquel la pathologie présente l'incidence maximale. L'étude de variables cliniques, telles que l'âge de début de la maladie, n'a pas permis jusqu'alors d'identifier de sous-groupes de patients plus pertinents pour l'analyse génétique ;
– l'existence de phénocopies (sujet présentant le phénotype clinique sans l'anomalie génétique) ;
– la difficulté de réunir un nombre élevé de patients et/ou de familles de schizophrènes ;

– l'existence probable d'une hétérogénéité étiologique de la maladie.

La comparaison de l'expression des gènes entre sujets témoins et patients, suivie d'une analyse précise des gènes dont l'expression est anormale chez les patients, peut également être utilisée (cet aspect sera brièvement évoqué dans le chapitre « Stratégies d'étude dans les maladies à hérédité complexe »).

Une stratégie alternative consiste à rechercher des réarrangements chromosomiques (translocations ou délétions) dans des régions candidates au sein desquelles une mutation a déjà été identifiée dans des maladies connues pour être associées à des symptômes schizophréniques. Cette stratégie sera développée dans le chapitre « Schizophrénie et anomalies chromosomiques ».

Ces dernières années, la découverte de nouvelles mutations, appelées mutations dynamiques, a relancé un nouveau champ d'investigation dans la schizophrénie. En effet, ces mutations sont associées à un phénomène clinique d'anticipation se traduisant par l'aggravation de la sévérité ou de la précocité de l'âge de début d'une maladie dans les familles au fil des générations successives. Ce phénomène clinique, décrit au siècle dernier en France par Morel, avait été discrédité dans les années 1950, et attribué à des biais méthodologiques, car les données scientifiques de cette époque ne permettaient pas de l'expliquer. La recherche de mutations dynamiques dans la schizophrénie a débuté depuis quelques années, à la suite des progrès de la biologie moléculaire ayant enfin permis d'expliquer, dans certaines maladies neurologiques, le phénomène d'anticipation clinique observé. Ces résultats seront détaillés dans le chapitre « Concept d'anticipation : mécanisme génétique ».

Enfin, une autre manière de contourner tous ces obstacles méthodologiques, inhérents aux techniques classiques, est d'utiliser des alternatives telles que l'étude de traits neuropsychologiques ou neurobiologiques transmissibles et associés à la maladie, qui sont des marqueurs d'une vulnérabilité à développer la maladie. On appelle ces phénotypes « plus simples » des endophénotypes ; ils peuvent être quantifiables, comme par exemple l'étude du filtrage sensoriel (à l'aide du paradigme de l'étude de l'inhibition de l'onde P50 des potentiels évoqués auditifs lors de stimulations auditives répétées), ou l'étude des perturbations des mouvements oculaires, ou encore l'étude du volume de l'hippocampe cérébral. Pour certains de ces endophénotypes, des gènes candidats ont déjà été identifiés. Cet aspect sera abordé dans le chapitre « Recherche de marqueurs de vulnérabilité ».

La combinaison de ces différentes approches devrait permettre, dans les années qui viennent, de mieux appréhender les mécanismes qui sous-tendent cette maladie complexe et, partant, de développer des stratégies de prise en charge plus efficaces, voire même de mettre en place des mesures préventives, chez des sujets considérés comme à risque génétique de développer la maladie.

Florence Thibaut

Présentation générale de la schizophrénie

DONNÉES GÉNÉRALES D'ÉPIDÉMIOLOGIE

La schizophrénie est une maladie relativement fréquente qui débute en général au cours, ou au décours, de l'adolescence. Elle peut même survenir avant l'âge de 12 ans (un enfant sur 10 000 dans la population générale). L'âge de début de la maladie peut être déterminé par l'âge de la première hospitalisation, mais également par l'âge de l'apparition des premiers symptômes permettant d'établir le diagnostic. En moyenne, le délai qui s'écoule entre l'apparition de ces symptômes et la première hospitalisation est d'environ un an, alors que le délai mesuré entre les premiers prodromes et la mise en route du traitement est habituellement de trois ans. La schizophrénie survient trois à cinq ans plus tôt chez l'homme que chez la femme. La proportion d'hommes est donc plus élevée chez les sujets de moins de 25 ans ; entre 25 et 35 ans les nombres d'hommes et de femmes atteints s'équilibrent ; au-delà, les femmes deviennent proportionnellement plus nombreuses car il existe un rebond d'apparition de la maladie chez la femme en période post-ménopausique. Les formes hébéphréniques ou catatoniques débutent plus tôt que les formes paranoïdes.

L'évolution de la maladie est moins sévère chez les femmes (chez lesquelles les symptômes négatifs sont d'ailleurs moins fréquents) ainsi que, pour les deux sexes, dans les formes paranoïdes.

La période au cours de laquelle cette maladie est apparue chez l'Homme se confond avec l'histoire de son concept, puisque l'ensemble des symptômes qui la constitue n'a été décrit en tant que tel qu'à la fin du XIXe siècle. Auparavant, l'histoire de la schizophrénie est probablement mêlée à celle d'autres pathologies neurologiques.

La prévalence de la maladie est d'environ 1 % ; ce chiffre peut cependant fluctuer selon les critères diagnostiques utilisés, et selon les différentes régions du monde, en fonction de critères géographiques ou ethnico-culturels – entre 0,3 ‰ (dans la communauté amish aux États-Unis) et 17 ‰ (dans un isolat de la Suède septentrionale).

À l'échelle de l'ensemble des populations, l'incidence de la maladie est comprise entre 0,16 et 0,42 ‰ habitants.

Indépendamment des aléas inhérents à cette pathologie, l'apparition de nouveaux cas de schizophrénie persiste même si l'incidence est moindre. Ces aléas sont, d'une part une surmortalité précoce [prévalence plus élevée du suicide (10 à 15 %) et de pathologies organiques associées (telles que les affections cardio-vasculaires ou respiratoires ou encore les pathologies infectieuses)] et, d'autre part, une diminution du taux de reproduction (baisse de la fertilité, difficultés sociales à l'origine d'un isolement plus important – 42 % des femmes et 12 % des hommes seulement seraient capables de maintenir une relation conjugale pendant cinq ans et plus). Dans l'hypothèse actuellement retenue d'une maladie multifactorielle, conjuguant à des degrés variables des facteurs génétiques et des facteurs environnementaux, il faudrait alors supposer :

– sur le plan génétique, l'existence de réservoirs de mutations dans la population générale, pouvant contribuer à l'apparition régulière de formes sporadiques (les formes familiales sont en effet peu fréquentes et représentent environ 10 % des cas, ce chiffre demeure étonnement stable dans notre cohorte de patients depuis le début du siècle), ou un âge paternel élevé (pouvant contribuer à l'apparition de nouvelles mutations chez les enfants) ;
– un rôle croissant des facteurs environnementaux (stress psycho-social accru, consommation plus importante et plus précoce de toxiques, le développement de l'immigration exposant, par exemple, les femmes enceintes à davantage d'infections virales...).

Nous avons ainsi montré que l'âge de début de la maladie a décru de cinq années depuis le début du siècle, indépendamment du sexe et des antécédents familiaux, et parallèlement à l'accroissement de facteurs environnementaux potentiellement favorisants, tels que la consommation de toxiques (dans notre échantillon de 419 schizophrènes, 2 % des sujets schizophrènes nés avant 1945, contre 39 % dans la cohorte de patients nés après 1965 consommaient du cannabis, alors que, dans le même temps, la consommation d'alcool est restée stable) (Di Maggio et Thibaut, 2001).

HISTOIRE DU CONCEPT ACTUEL DE SCHIZOPHRÉNIE

L'histoire du concept de schizophrénie se confond en partie avec l'histoire de la psychiatrie française, depuis que Pinel a entrepris de différencier les troubles psychiques au début du XIXe siècle. Une première approche descriptive des troubles délirants a été faite par Esquirol. Puis l'école allemande, avec Griesinger, défendit le concept de psychose unique.

Ce sont encore les travaux de l'école française de psychiatrie, avec les découvertes de Bayle, en 1826, sur les causes et l'évolution de la paralysie générale, puis les travaux de Morel sur la dégénérescence, qui ont permis à Kraepelin de prendre en compte l'évolution comme critère essentiel de classification des troubles psychiques. Morel, en 1860, proposait déjà le terme de « démence précoce » pour qualifier une démence qu'il observait chez de jeunes aliénés et qui, selon lui, correspondait à une forme de dégénérescence. Kraepelin s'inspira également des travaux allemands de Hecker, en 1871, qui nomma hébéphrénie un tableau d'excitation niaise légère qui évoluait rapidement vers une incohérence, et de Kahlbaum, en 1874, qui décrivit la catatonie, marquée par des symptômes dépressifs et maniaques, une confusion, une stupidité et des phénomènes cataleptiques, et dont le pronostic était dans l'ensemble assez favorable.

Dès la sixième édition de son traité, en 1899, Kraepelin utilisa le terme de *dementia praecox* pour caractériser l'ensemble des maladies aboutissant à une déficience intellectuelle sans cause organique retrouvée. Il distinguait trois sous-types : la forme hébéphrénique, la catatonie et la forme paranoïde. Il en isola la paranoïa, du fait de son absence d'évolution vers un affaiblissement psychique. Puis, en 1909, il isola de la forme paranoïde des démences précoces, la paraphrénie, en considérant l'absence habituelle de trouble de la pensée au cours de son évolution. Il met ainsi un terme au concept de psychose unique dans la huitième édition de son traité. Selon Kraepelin, le concept de démence précoce, ainsi précisé, reposant principalement sur l'évolution chronique et déficitaire du trouble délirant, permettait de réunir sous une même appellation différents sous-groupes cliniques mais ne présageait pas d'une cause unique.

L'école française a ensuite isolé de la forme paranoïde des démences précoces, la psychose hallucinatoire chronique, du fait du caractère prévalent des hallucinations et du pronostic évolutif plus favorable, sans évolution démentielle alors que, de son côté, l'école allemande a progressivement réintégré les délires chroniques dans la schizophrénie.

À la suite des travaux français de Falret (folie circulaire), puis de Baillarger, en 1854, avec la folie à double forme (évolution successive et régulière de manie et de mélancolie avec un intervalle lucide plus ou moins prolongé), c'est encore Kraepelin qui, en 1919, a individualisé de la psychose ce qu'il a appelé la psychose maniaco-dépressive. Il a une fois encore insisté sur le critère de l'évolution pour la différencier de la démence précoce considérant que la personnalité était intacte dans le trouble bipolaire, en dehors des épisodes aigus. Cependant, dès 1920, Kraepelin faisait état de la difficulté à distinguer les deux pathologies dans certaines situations. C'est l'introduction des thérapeutiques médicamenteuses dans le champ de la psychiatrie qui va apporter d'autres arguments pour différencier la schizophrénie de la psychose maniaco-dépressive, tant lors de la réponse pendant l'épisode aigu que lors de la prévention des récidives. En outre, certains éléments cliniques, tels que l'avolition ou le caractère émoussé et inapproprié de l'affectivité, semblent assez caractéristiques de la schizophrénie. Les études de suivi longitudinal rapportent pourtant 5 à 10 % d'erreurs diagnostiques entre schizophrénie et trouble bipolaire.

Dès 1933, Kasanin introduisit le terme de trouble schizo-affectif pour qualifier l'association, chez un même patient, de symptômes schizophréniques et de troubles thymiques lors des épisodes aigus. Le trouble schizo-affectif peut être inclus dans le spectre de la schizophrénie comme dans celui du trouble bipolaire, selon les études réalisées. Certains auteurs impliqués dans les études de génétique, comme Crow, défendent l'hypothèse d'un continuum entre les deux pathologies avec une sévérité croissante de la dépression à la schizophrénie ; d'autres auteurs plaident pour l'existence de deux spectres avec un recouvrement partiel entre trouble bipolaire et schizophrénie. Avec la troisième version révisée de la classification américaine (DSM IIIR), le trouble schizo-affectif est devenu une entité indépendante.

À la suite des travaux de Kraepelin, Bleuler introduira ensuite le terme de « groupe des schizophrénies » pour qualifier la démence précoce. S'inspirant à la fois des conceptions hiérarchiques du fonctionnement cérébral de Jaspers et des conceptions psychodynamiques de Freud, Bleuler pense que les symptômes cliniques sont déterminés par des élaborations secondaires à des dysfonctionnements sous-jacents. Il définit :

– des symptômes fondamentaux ou primaires, permanents, issus directement du processus pathologique et incluant le trouble des associations surtout, mais aussi l'autisme, l'ambivalence, le trouble de l'affectivité ;

– des symptômes accessoires ou secondaires, issus de la réaction à la maladie psychique, et comprenant surtout la symptomatologie délirante et des troubles affectifs.

Cependant, devant la difficulté à établir des critères opérationnels pour définir les symptômes fondamentaux de Bleuler, les classifications actuelles, européennes et américaines, à la suite des travaux de Kurt Schneider en 1950, se sont surtout attachées à la définition des symptômes accessoires et, en particulier, des symptômes délirants, tout en sauvegardant certains sous-types de la classification de Kraepelin. Certains auteurs américains ont d'ailleurs confirmé la pertinence clinique de la distinction entre les formes paranoïdes (caractérisées par la présence d'hallucinations et d'un délire, l'absence de troubles du cours de la pensée ou d'émoussement affectif, un âge de début plus tardif et un meilleur pronostic évolutif) et les formes non paranoïdes ou hébéphréniques (caractérisées par un âge de début plus précoce, la présence de troubles du cours de la pensée, d'un émoussement affectif, d'un comportement bizarre, et une évolution plus défavorable).

Kendler insiste sur la mauvaise stabilité de ces classifications basées sur des symptômes cliniques. En effet, parmi les patients classés initialement dans les formes paranoïdes, vingt ans après, 65 à 80 % demeurent paranoïdes ; alors que, parmi les patients initialement classés hébéphréniques, 50 % seulement le demeurent. La plupart des patients sont alors classés dans les formes indifférenciées ou résiduelles. Puis, progressivement, des symptômes fondamentaux de Bleuler ont été introduits dans les critères diagnostiques plus récemment utilisés.

Strauss et Carpenter se sont inspirés des observations initiales de Delay et Deniker, ainsi que de la conception organodynamique de Jackson, au XIXe siècle, pour tenter de classer les formes de schizophrénies observées. Delay, dès 1954, faisait état d'une efficacité de la réserpine dans les formes de schizophrénie caractérisées par un déficit affectif, et de l'efficacité de la chlorpromazine dans les formes de schizophrénie associées à une excitation. Jackson, qui était neurologue, pensait que l'organisation psychique, résultant de l'évolution des espèces et de la maturation cérébrale, était dynamique et hiérarchisée. La maladie mentale correspondait, selon lui, à une déstructuration d'origine organique, s'exprimant par des symptômes négatifs (perte de fonction), la régression à un niveau de fonctionnement cortical inférieur plus instinctuel et moins élaboré qui en découlait se traduisait par des symptômes positifs (gain de fonction). Strauss et Carpenter, dès 1974, insistent alors sur la nécessité de distinguer des symptômes positifs (délire, hallucinations, désorganisation de la pensée) et des symptômes négatifs (restriction des affects, alogie et perte de l'élan social) de la schizophrénie. Les symptômes positifs représentaient un gain de fonction par rapport au fonctionnement cérébral habituel alors que les symptômes négatifs, considérés comme au cœur du processus pathologique, correspondaient à une perte de fonction psychique. Afin de tenter de mieux définir les symptômes négatifs qui, selon Strauss, déterminaient le pronostic évolutif, Carpenter a proposé ultérieurement d'individualiser les symptômes négatifs primaires et durables, inhérents à la maladie (ou symptômes déficitaires), des symptômes négatifs qu'il a qualifiés de secondaires et transitoires.

Toutefois, l'origine de ce syndrome déficitaire de la schizophrénie a également des racines européennes puisqu'il correspond au syndrome avolitionnel décrit par Kraepelin, dans la démence précoce, puis repris par Delay, en 1946, lorsqu'il écrivait à propos de l'hébéphrénie « il n'y a ni exaltation, ni inhibition de l'instinct de vie, seulement un déficit ». Minkowski, en 1927, puis Guiraud, en 1956, ont également insisté sur la perte de connexion vitale avec la réalité ou perte d'élan vital, encore appelée « anhormie » par Paul Guiraud.

Le syndrome déficitaire est caractérisé par la présence durable et le caractère primaire des symptômes négatifs suivants : appauvrissement des affects – réduction de la gamme émotionnelle – pauvreté du discours – restriction des intérêts – intentionnalité réduite – diminution de l'élan social. Les symptômes négatifs secondaires définis par Carpenter résultent de l'anxiété, de la dépression, du déficit environnemental, du délire ou encore des effets secondaires neurologiques des neuroleptiques. Les patients présentant un syndrome déficitaire, ainsi défini, représenteraient environ un quart des schizophrènes après cinq années d'évolution de la maladie, c'est-à-dire à l'issue de la période considérée comme critique pour le pronostic évolutif. Cliniquement, outre la prééminence des symptômes négatifs, ces patients consommeraient moins de toxiques et seraient moins enclins au suicide. Chez ces patients, un certain nombre de données biochimiques et neuroradiologiques plaident en faveur d'un dysfonctionnement plus important des cortex frontal et pariétal, et notre équipe a rapporté des dysfonctionnements plus importants des systèmes dopaminergiques et noradrénergiques (pour revue sur le syndrome déficitaire, Thibaut et Petit, 1997). En outre, l'efficacité des traitements neuroleptiques sur la symptomatologie négative primaire demeure discutée. Toutefois, la question de la pertinence de l'individualisation de ce syndrome déficitaire dans la schizophrénie demeure, même si le poids génétique semble plus important (antécédents familiaux plus fréquents ; concordance plus fréquente du déficit au sein des fratries comme cela a été rapporté par notre équipe, à l'aide de 83 frères et sœurs issus de 46 familles, comportant plusieurs sujets atteints sur au moins deux générations).

Parmi les nombreuses autres tentatives utilisées pour tenter de réduire l'hétérogénéité clinique de la schizophrénie telle qu'elle a été décrite par Kraepelin, puis par Bleuler, la plus pertinente semble être la classification en sous-types positifs et négatifs. Crow, dès 1980, y associe des hypothèses étiopathogéniques, pour aboutir à différencier deux types distincts de schizophrénie :

– la *forme positive* (telle qu'elle a été décrite par Strauss) serait associée à une hyperactivité dopaminergique et serait sensible au traitement neuroleptique. Lorsque la théorie dopaminergique s'enrichira d'un déséquilibre fonctionnel cortico-sous-cortical, la symptomatologie positive, initialement associée à une hyperactivité dopaminergique sous-corticale isolée, apparaîtra alors comme une simple conséquence du déficit dopaminergique cortical, faisant ainsi renaître la conception jacksonienne du fonctionnement du cerveau ;

– la *forme négative* serait, selon Crow, peu sensible au traitement neuroleptique, associée à des anomalies structurales du cerveau et à une altération des fonctions intellectuelles, ouvrant ainsi la voie aux hypothèses neurodéveloppementales ou neurodégénératives de la schizophrénie. Il est récemment revenu sur cette approche catégorielle dichotomique initialement décrite.

En revanche, Andreasen et Olsen, en 1982, à l'aide d'échelles quantitatives d'évaluation des symptômes, ont privilégié une approche, non plus catégorielle, mais dimensionnelle de la maladie, et ont décrit les symptômes négatifs et positifs comme situés aux extrémités d'un continuum symptomatologique.

À l'aide de l'échelle de Kay *(Positive and Negative Syndrome Scale)*, et en utilisant les mêmes types d'analyses statistiques, Liddle a individualisé un troisième facteur appelé désorganisation (incluant la désorganisation du comportement et de la pensée et le caractère inapproprié des affects) et enfin, Dollfus et Petit ont insisté sur l'individualisation de formes résiduelles de schizophrénie.

Ainsi, l'hétérogénéité clinique observée dans la schizophrénie depuis plus d'un siècle peut correspondre à une hétérogénéité étiologique ou ne refléter simplement qu'une continuité dans le degré de sévérité et pourrait alors, si l'on en croit Crow, renvoyer au concept de psychose unique, avec un degré de sévérité croissant de la dépression à la schizophrénie.

À l'instar d'autres maladies, différentes étiologies peuvent aboutir à un phénotype commun, comme par exemple dans le diabète de type I. À l'inverse, une maladie ayant une seule étiologie peut s'exprimer cliniquement différemment, par effet pléiotropique de gènes qui modèrent ainsi l'expression clinique de la maladie. En outre, l'hypothèse actuelle d'un modèle polygénique et multifactoriel impliquant plusieurs facteurs génétiques et des facteurs environnementaux contribue également à la diversité phénotypique, dans la mesure où de nombreuses combinaisons possibles de facteurs génétiques et environnementaux peuvent, lorsque le sujet dépasse un certain seuil de susceptibilité, aboutir à l'expression clinique de la maladie.

MODÈLES DE VULNÉRABILITÉ À LA SCHIZOPHRÉNIE

Parmi les apparentés de premier degré de sujets schizophrènes, on retrouve environ 10 % de sujets schizophrènes, et 10 à 15 % de sujets présentant une personnalité dite schizotypique, ce qui signifie que l'immense majorité des apparentés apparaît donc comme cliniquement « normale » ; cependant, elle peut être porteuse de gènes dits « de susceptibilité à la maladie » (ou d'une « vulnérabilité génétique »), et les transmettre à la génération suivante. Jaspers, dès 1913, évoquait le terme de prédisposition pour décrire les phénomènes psychopathologiques résultant de la combinaison des influences environnementales et des susceptibilités héréditaires.

Divers modèles de vulnérabilité à la schizophrénie ont été proposés dans le passé. Parmi les plus anciens, on peut citer le modèle de Meehl (1962) dans lequel l'anhédonie occupe une place centrale. Ce modèle, qui a été repris en France par notre équipe et par Loas, dérive des travaux de Rado qui proposait, dès 1956, une théorie de vulnérabilité à la schizophrénie centrée sur l'organisation schizotypique, associant un déficit hédonique et un déficit du système propioceptif (pouvant conduire à la dissociation psychique). Meehl proposait l'existence d'un gène majeur prédisposant à la schizophrénie provoquant, sur le plan neurobiologique, une atteinte synaptique appelée « hypokrisia » correspondant à un dysfonctionnement dans le traitement des signaux par les synapses cérébrales. Celui-ci se traduisait par une schizotaxie (ou déficit neuronal intégré), dont l'expression clinique était la schizotypie. Cette dernière associait une perte des associations, des symptômes négatifs tels qu'une anhédonie, une ambivalence, des signes neurologiques subtils, quelques anomalies morphologiques discrètes et enfin des anomalies psychométriques (aberrations perceptives, pensée magique, anhédonie physique et sociale évaluées, dès 1976, à l'aide des échelles de Chapman). Environ 10 % de ces schizotypies pouvaient évoluer vers la schizophrénie, en fonction du poids des facteurs environnementaux associés. Selon Meehl, il existerait également d'autres formes de schizophrénies, sous-tendues par plusieurs facteurs génétiques en association avec des stress environnementaux.

Le concept de schizotaxie a été récemment repris par Tsuang et Faraone. Ces auteurs le complètent avec le modèle multifactoriel actuel, dans lequel les facteurs génétiques et environnementaux interagissent pour aboutir, dans certains cas, au tableau clinique de la schizophrénie. Autrement dit, la schizotaxie pourrait, dans certains cas, ne pas évoluer vers un trouble schizotypique ou schizophrénique mais se manifester simplement par des anomalies neuropsychologiques que l'on peut retrouver, par exemple, chez des apparentés de sujets schizophrènes.

Sur le plan clinique, les symptômes de schizotaxie sont semblables aux symptômes négatifs observés dans les personnalités schizotypiques, et peuvent être mesurés à l'aide de la *Scale for the Assessment of Negative Symptoms* (SANS) de Andreasen. Sur le plan neuropsychologique, les auteurs reprennent les déficits habituellement observés dans les pathologies du spectre de la schizophrénie (troubles attentionnels et déficit des fonctions exécutives et de la mémoire verbale à long terme). Tsuang propose même l'évaluation de l'efficacité d'un traitement neuroleptique bref (six semaines) chez les apparentés de schizophrènes présentant les critères de schizotaxie. Il constate, dans cinq cas étudiés sur six, une amélioration des troubles attentionnels et une réduction modérée des symptômes négatifs chez ces sujets.

Les modèles de vulnérabilité décrits ultérieurement par Zubin et Nuechterlein ont eu le mérite de réconcilier les hypothèses génétiques et environnementales au sein d'un modèle où ces différents facteurs interagissent de façon complexe, contribuant ainsi à l'hétérogénéité clinique observée dans la schizophrénie. Ainsi, le modèle de Zubin et Spring (1977) a été un des premiers modèles de vulnérabilité au stress proposé. L'apparition d'un épisode psychotique découlerait d'une interaction entre le degré de vulnérabilité individuelle et permanente du sujet, la survenue de facteurs de stress (externes ou plus rarement internes) qui perturbent l'homéostasie de l'individu, et l'action éventuelle de variables modératrices ou protectrices. Ce modèle fait apparaître la vulnérabilité comme une dimension présente chez tous les individus, qui repose sur le principe d'une continuité entre le normal et le pathologique. L'action du stress est alors très liée aux possibilités d'ajustement et d'adaptation du sujet. En termes de modèle stress-vulnérabilité, cela peut signifier que les sujets, potentiellement porteurs d'une vulnérabilité génétique et apparaissant cliniquement comme des sujets sains ou, au moins, non schizophrènes, n'auraient pas été confrontés à des facteurs de stress suffisants pour déclencher la maladie, présenteraient un degré de vulnérabilité génétique insuffisant, ou encore possèderaient des facteurs protecteurs qui modèreraient leur vulnérabilité génétique.

Ces auteurs différencient deux composantes dans la vulnérabilité, l'une d'origine génétique, endogène, et l'autre exogène, d'origine environnementale (influence des traumatismes, des maladies, des complications périnatales, des événements de la vie personnelle et familiale, etc.).

La vulnérabilité est dans une relation trait/état avec l'épisode pathologique. On peut ainsi différencier essentiellement des marqueurs état, spécifiques de l'épisode, et des marqueurs trait, ou marqueurs de vulnérabilité, qui seraient permanents, associés à la maladie, identifiables avant le premier épisode, indépendants de l'évolution clinique, héritables, et qui pourraient être présents non seulement chez les schizophrènes, mais également chez les sujets à haut risque de schizophrénie (tels que les apparentés de sujets schizophrènes ou encore les sujets ayant des scores élevés aux échelles de schizotypie).

Nuechterlein et Dawson (1984) mettent l'accent sur la recherche de marqueurs spécifiques de vulnérabilité, essentiellement de nature cognitive [réduction des capacités de traitement cognitif (trait), hyperactivité du système nerveux autonome (état), déficit des compétences sociales et des stratégies d'adaptation (état)]. Parmi les stresseurs, ils distinguent les événements de vie et le contexte familial, avec notamment le niveau d'expression émotionnelle. Des facteurs environnementaux pourraient intervenir comme facteurs protecteurs, tels que les stratégies personnelles et familiales d'adaptation, la qualité du soutien psycho-social, etc. Certains auteurs ont alors développé des thérapeutiques visant à accroître ces facteurs protecteurs. Pour Nuechterlein, un bon marqueur de vulnérabilité doit être stable au cours du temps, témoin du risque de survenue de la maladie, présenter un bon degré de spécificité et de sensibilité à la maladie, et enfin être déterminé génétiquement.

De nombreuses études ont été réalisées dans le but d'identifier des indicateurs de vulnérabilité. Ainsi des perturbations neuropsychologiques (troubles attentionnels), électrophysiologiques (paradigme de la poursuite oculaire lente ou de l'inhibition de l'onde P50 des potentiels évoqués cérébraux auditifs) ou encore cliniques (anhédonie, sensibilité à la douleur...) peuvent être étudiées comme marqueurs de vulnérabilité et seront détaillées au chapitre « Recherche de marqueurs de vulnérabilité ».

HYPOTHÈSES ÉTIOLOGIQUES

L'étiologie de la schizophrénie ou du « groupe des schizophrénies » demeure mal connue. Cependant un certain nombre d'hypothèses ont pu être formulées à partir de l'efficacité des traitements neuroleptiques (hypothèse biochimique) ou à partir de données à la fois cliniques et anatomiques (hypothèse neurodéveloppementale). D'autres hypothèses, reposant sur la recherche et l'identification de facteurs environnementaux, ont été formulées mais ne seront pas abordées dans ce chapitre car elles n'ont pas de pertinence dans l'étude génétique de la schizophrénie. Les hypothèses cognitives, prenant en compte le traitement de l'information à un niveau complexe, ne seront pas non plus traitées car elles n'ont pas, jusqu'alors, donné lieu à l'identification de gènes candidats.

HYPOTHÈSES BIOCHIMIQUES

- **Rappel anatomique concernant le système dopaminergique**

Les corps cellulaires des neurones dopaminergiques sont rassemblés dans la région sous-corticale du mésencéphale (substance noire et aire tegmentale ventrale) et envoient différentes projections dans des aires corticales et sous-corticales, et ces différentes voies entrent en relation entre elles. Ainsi, le système mésostriatal innerve le caudé-putamen et le pallidum, le système mésolimbique innerve en particulier le noyau accumbens, l'amygdale et l'hippocampe, et enfin, le système mésocortical envoie des projections dans le cortex préfrontal. La dopamine, libérée au niveau des terminaisons nerveuses, peut se fixer sur cinq types différents de récepteurs, qui sont couplés positivement (D_1 et D_5) ou négativement (D_2 à D_4) à l'adenylate cyclase. La dopamine joue essentiellement un rôle neuromodulateur au sein du cerveau. La dopamine interviendrait ainsi dans les fonctions motrices, cognitives et la motivation (en innervant les structures striatales, corticales et limbiques).

L'activation des neurones dopaminergiques permettrait de hiérarchiser les rôles fonctionnels des différentes structures cortico-sous-corticales en réponse à une stimulation ayant un sens pour l'individu. Plus le traitement des messages est nouveau et complexe, plus il fera intervenir le cortex préfrontal dans l'organisation temporelle des comportements, en maintenant l'information en mémoire de travail jusqu'à sa réalisation. La stimulation des récepteurs dopaminergiques D_1 serait nécessaire au fonctionnement de cette mémoire de travail. En outre, selon Tassin, l'activation des neurones noradrénergiques qui innervent le cortex, à l'occasion d'un événement nouveau et non spécifique dans l'environnement, pourrait interrompre momentanément le fonctionnement de la mémoire de travail et déplacer ainsi l'équilibre cortico-sous-cortical vers les structures sous-corticales aboutissant à un traitement non élaboré et plus rapide de l'information.

Enfin, soulignons l'hypothèse de Grace, postulant que les neurones dopaminergiques déchargeraient selon deux modalités : l'une phasique, intense et de courte durée, qui interviendrait lors d'événements comportementaux signifiants ; l'autre, dont dépendrait la première, serait tonique et responsable du niveau de base de dopamine.

- **Historique de l'hypothèse dopaminergique**

La découverte fortuite de l'efficacité de la chlorpromazine par Delay et Deniker en 1952, suivie par les travaux de Carlsson et Lindqvist en 1963, puis par ceux de Seeman en 1975 (mettant en évidence les propriétés antagonistes des récepteurs dopaminergiques de la chlorpromazine et surtout l'existence d'une corrélation entre l'efficacité antipsychotique des neuroleptiques classiques et leur affinité pour les récepteurs dopaminergiques), ont donné naissance à l'hypothèse dopaminergique de la schizophrénie. Parallèlement, Connell en 1958 observait que l'administration d'amphétamine (qui accroît la libération de dopamine, mais aussi de noradrénaline) induisait, chez l'Homme, des états délirants.

Dès 1966, Van Rossum, avait formulé l'hypothèse d'une hyperstimulation des récepteurs dopaminergiques dans la schizophrénie, sans référence aux travaux de Carlsson, ni aux études de Connell sur les effets de l'amphétamine chez le sujet sain ; ce n'est que quelques années plus tard que les scientifiques ont réellement mesuré l'importance de ces deux découvertes.

- **Hypothèse hyperdopaminergique initiale**

Initialement, cette hypothèse postulait un hyperfonctionnement du système dopaminergique, malgré l'absence de preuves biochimiques, jusqu'à ce que des travaux récents apportent des arguments indirects en faveur d'une augmentation présynaptique du taux de dopamine dans le striatum des patients schizophrènes. Celle-ci se traduit par une libération anormalement élevée de dopamine en réponse à l'amphétamine. Une augmentation du nombre de récepteurs dopaminergiques de type D_2 dans le striatum a été rapportée, mais demeure controversée, et l'implication des neuroleptiques dans cette augmentation est discutée.

Cependant les données cliniques et neuroradiologiques ne plaident pas en faveur de l'hypothèse hyperdopaminergique telle qu'elle a été initialement formulée. En effet, les neuroleptiques classiques, qui sont de puissants antagonistes des récepteurs dopaminergiques, ne suffisent pas à faire disparaître les symptômes négatifs de la schizophrénie, voire même peuvent les aggraver. En outre, il existe un certain laps de temps entre le blocage, presque immédiat, des récepteurs dopaminergiques, lié aux neuroleptiques, et l'amélioration clinique, qui est plus lente. La clozapine, qui est un neuroleptique atypique, a une faible affinité pour les récepteurs dopaminergiques de type D_2. Enfin, les études de neuro-imagerie fonctionnelle ont par ailleurs permis de mettre en évidence, chez les schizophrènes, un hypométabolisme dans la région dorso-latérale du cortex préfrontal, au repos, et surtout lors de l'activation de ce cortex préfrontal par des tâches spécifiques, comme le test de Wisconsin.

- **Hypothèse dopaminergique cortico-sous-corticale**

La théorie dopaminergique s'est alors compliquée et on a distingué un niveau sous-cortical, siège d'une hyperactivité et plus sensible à l'action des neuroleptiques, et un niveau cortical avec une hypoactivité des neurones dopaminergiques qui innervent le cortex préfrontal, qui pourrait être aggravée par les neuroleptiques. Selon Davis, cette hypoactivité pourrait être impliquée dans les symptômes négatifs et les troubles cognitifs associés à la schizophrénie. Il s'agirait davantage, dans cette nouvelle hypothèse, d'une modification de l'équilibre fonctionnel entre les structures corticales et sous-corticales.

À partir de l'hypothèse formulée par Grace, l'hypersensibilité des récepteurs de type D_2 sous-corticaux pourrait alors être expliquée par une diminution de la libération tonique, responsable du niveau de base de la dopamine, et correspondrait plutôt à une hyper-réactivité du système dopaminergique sous-cortical qu'à une hyperactivité proprement dite.

Notre équipe a observé l'association d'une hypodopaminergie plasmatique associée à une hypernoradrénergie chez des schizophrènes présentant une symptomatologie négative primaire et durable.

Ce dysfonctionnement du système dopaminergique pourrait être primaire, ou au contraire secondaire à des anomalies d'autres systèmes de neurotransmission comme par exemple un hypofonctionnement du système glutamatergique.

• **Relations entre les systèmes glutamatergiques et dopaminergiques**

Le glutamate est un neurotransmetteur excitateur ubiquitaire dans le cerveau. La plupart des efférences cortico-sous-corticales sont glutamatergiques. Des interactions réciproques existent entre les projections dopaminergiques corticales et le système glutamatergique. Des substances antagonistes non compétitives des récepteurs N-méthyl-D-aspartic acide (NMDA) (telle que la phencyclidine) induisent, chez l'homme sain, des désordres cognitifs et comportementaux évoquant certains symptômes schizophréniques (comme les symptômes négatifs). L'administration répétée de phencyclidine s'accompagne d'une diminution prolongée de la transmission dopaminergique dans le cortex frontal, corrélée, chez l'animal, avec un déficit de fonctionnement de la mémoire de travail. Elle augmente également la libération de dopamine dans le noyau accumbens, accroissant ainsi l'activité dopaminergique mésolimbique. Cela pourrait contribuer à sensibiliser le système dopaminergique à d'autres facteurs tels que le stress. Une hypoactivité dopaminergique corticale rendrait ainsi les neurones dopaminergiques mésolimbiques hyperréactifs à l'environnement par l'intermédiaire d'une diminution du tonus glutamatergique.

Certains agents pharmacologiques (dont certains neuroleptiques), capables d'accroître indirectement l'activité des récepteurs NMDA (par l'intermédiaire des sites modulateurs à la glycine), semblent avoir une certaine efficacité sur les symptômes négatifs de la schizophrénie et peut-être aussi sur les troubles cognitifs.

Des études *post-mortem* font état de modifications de la densité ou de la composition des sous-unités des récepteurs glutamatergiques dans certaines régions corticales telles que le cortex préfrontal et le lobe temporal, ou dans le thalamus.

Un dysfonctionnement du système glutamatergique pourrait également être impliqué dans les anomalies cytoarchitecturales décrites dans la schizophrénie. En effet, les récepteurs glutamatergiques interviennent dans le contrôle de la migration neuronale, de la synaptogénèse et de la croissance neuronale. Ils interviennent aussi dans des phénomènes d'excito-toxicité locale qui pourraient être favorisés par des situations d'hypoxie néonatale, ou encore par des désordres biochimiques tels qu'une hyperprolinémie observée chez certains schizophrènes, et ainsi être responsables de mort neuronale.

Récemment une lignée de souris, n'exprimant que 5 à 10 % de la densité habituelle en récepteurs NMDA dans le cortex frontal, a été décrite. Ces souris présentent une augmentation d'activité locomotrice, un comportement stéréotypé et une diminution des interactions sociales qui sont améliorés par un traitement neuroleptique.

- **Rôle du système sérotoninergique**

Un certain nombre d'arguments pharmacologiques (capacité du LSD, agoniste sérotoninergique, à induire des hallucinations) ou biochimiques plaident en faveur du rôle de la sérotonine dans la schizophrénie, en particulier du fait de son rôle trophique dans le développement neuronal, et surtout de par les interactions qui existent entre les systèmes sérotoninergique et dopaminergique. En outre, certains neuroleptiques ont des propriétés antagonistes $5HT_2$ qui contribuent à leur meilleure tolérance neurologique.

La découverte progressive, depuis une dizaine d'années, des gènes codant pour les récepteurs ou les complexes de capture de ces neurotransmetteurs a ainsi permis l'étude de nombreux gènes candidats dans la schizophrénie. Cependant, aucun de ceux-ci n'a, jusqu'alors, été identifié clairement comme gène de susceptibilité à la maladie.

HYPOTHÈSES NEURODÉVELOPPEMENTALES

Un certain nombre d'anomalies morphologiques cérébrales ont été décrites dans la schizophrénie, à l'aide des techniques de neuro-imagerie cérébrale. Ainsi, une réduction de la substance grise a été observée dans les structures médianes temporales (hippocampe, gyrus parahippocampique, amygdale), le gyrus temporal supérieur et, à un degré moindre, dans le thalamus, le cortex préfrontal et le lobule pariétal inférieur. Ces anomalies de la substance grise sont associées, dans

80 % des études, à un élargissement du volume ventriculaire prédominant au niveau du troisième ventricule. Des modifications de volume au niveau des ganglions de la base ont été décrites mais le rôle des neuroleptiques y est très discuté. Les anomalies observées demeurent modestes, l'ordre de grandeur des différences entre les schizophrènes et les témoins étant de 5 à 20 % en moyenne. Ces anomalies seraient présentes dès le premier épisode, et précéderaient le début du traitement. Leur stabilité au cours de l'évolution de la maladie demeure controversée (pour revue, Harrison, 1999).

Les études *post-mortem* retrouvent des anomalies cytoarchitecturales [réduction du nombre et surtout de la taille des neurones dans certaines régions (hippocampe et thalamus dorsal surtout), réduction du nombre de synapses et de dendrites dans l'hippocampe, perturbations de l'orientation des cellules pyramidales dans l'hippocampe et peut-être dans le cortex entorhinal]. Cependant aucune gliose, évocatrice d'une pathologie neurodégénérative, n'a été clairement retrouvée.

Toutefois, on ne peut exclure des phénomènes d'apoptose locaux (mort cellulaire programmée sous l'influence d'événements internes ou externes) observés dans certaines maladies neurodégénératives et ne s'accompagnant pas de gliose réactionnelle. Des phénomènes excito-toxiques locaux d'origine glutamatergique pourraient alors être potentiellement impliqués, d'autant que deux études en spectroscopie IRM rapportent un taux élevé de glutamine au début de la maladie.

Cependant, les anomalies cytoarchitecturales observées plaident plutôt en faveur d'une hypothèse neurodéveloppementale. En effet, les perturbations dans l'organisation synaptique et axonale pourraient témoigner d'anomalies de la migration des neurones corticaux vers leurs cibles au cours du deuxième trimestre de gestation et/ou de la différenciation des neurones au cours du développement embryonnaire, ayant pour résultante des altérations dans la mise en place et le fonctionnement des réseaux neuronaux.

En faveur de cette hypothèse neurodéveloppementale, de nombreux auteurs ont parallèlement décrit des signes cliniques prémorbides, parfois très précoces. Dans environ 10 % des cas, des troubles de personnalité de type schizoïde ou schizotypique ou des comportements asociaux ont été décrits avant le début de la maladie. Dans environ 30 % des cas, des anomalies physiques ou neurologiques subtiles, ainsi que des difficultés apparues dans l'enfance dans les apprentissages (retard à l'acquisition de la marche ou du langage en particulier) et dans les interactions sociales ont été rapportées, ce qui est compatible avec une hypothèse neurodéveloppementale (Jones *et al.*, 1994). Cependant, la valeur prédictive de ces anomalies reste faible.

Classiquement la schizophrénie débute à la fin de la période d'adolescence ou au début de l'âge adulte. Afin de tenter de prendre en compte l'existence d'un délai prolongé entre la survenue de lésions cérébrales d'origine développementale et l'apparition retardée, à l'âge adulte, des symptômes schizophréniques, Lipska et Weinberger ont proposé, en 1993, à l'aide un modèle animal, une hypothèse de travail. Celle-ci postule qu'une perturbation développementale des réseaux intracorticaux fronto-temporaux puisse engendrer une dysrégulation dopaminergique mésolimbique secondaire et d'apparition différée dans le temps (après la maturation sexuelle). Ainsi, des lésions de l'hippocampe ventral, chez le rat nouveau-né, réduisent l'activité dopaminergique du cortex préfrontal médian et augmentent, de façon différée dans le temps, la réponse des systèmes dopaminergiques mésolimbiques à des stress modérés. Les altérations comportementales médiées par le système dopaminergique s'exprimeraient après la puberté, après maturation des connexions fronto-limbiques qui sont alors sollicitées. Ces altérations sont améliorées par les traitements neuroleptiques.

Pourtant, lorsque la schizophrénie débute, les difficultés cognitives (se traduisant par un QI plus faible et un déficit des fonctions exécutives et attentionnelles) continuent parfois à s'aggraver, surtout pendant les cinq premières années de l'évolution au-delà desquelles, le plus souvent, le déficit intellectuel reste stable. Une minorité de patients (environ 25 %) continuera cependant à se dégrader sur le plan cognitif, en dépit des traitements neuroleptiques. Or cette évolution déficitaire sur le plan cognitif, déjà évoquée par Kraepelin au début du XXe siècle, ne plaide pas en faveur de l'hypothèse neurodéveloppementale que nous venons de traiter précédemment.

Toutefois, certaines maladies neurodéveloppementales liées au chromosome X et se traduisant par un retard mental plus ou moins sévère, telles que le X fragile ou le syndrome de Rett, peuvent être associées à une progression dans le dysfonctionnement cognitif évoquant alors une « dégénérescence » tardive. Ces observations cliniques réconcilient ainsi l'hypothèse neurodéveloppementale avec la possibilité d'un déclin cognitif au cours du temps. Dans ce cas, la progression de la maladie pourrait alors résulter des facteurs génétiques eux-mêmes, ou bien d'une interaction tardive entre ces facteurs génétiques et l'environnement.

POUR EN SAVOIR PLUS

- Di Maggio C, Martinez M, Ménard JF *et al.* Evidence of a cohort effect for age at onset in schizophrenia. *Am J Psychiatry* 2001 ; 158 (3) : 489-92.
- Berner P. Histoire du concept. *Les schizophrénies : aspects actuels.* Paris : Flammarion Médecine-Sciences, 1997 : 1-7.
- Thibaut F, Petit M. The deficit syndrome of schizophrenia : towards heterogeneity. *Psychopathology* 1997 ; 30 : 257-62.
- Baumeister AA, Francis JL. Historical development of the dopamine hypothesis of schizophrenia. *J History Neurosci* 2002 ; 11 (3) : 265-77.
- Bonnet-Brilhault F, Thibaut F, Petit M. Données biologiques de la schizophrénie. *Encycl Méd Chir Psychiatrie* 2001 ; 37-285-A-17, 11 p.
- Harrison J. The neuropathology of schizophrenia. A critical review of the data and their interpretation. *Brain* 1999 ; 122 : 593-624.
- Jones P, Rodgers B, Murray RM *et al.* Child developmental risk factors for adult schizophrenia in the British 1946 birth cohort. *Lancet* 1994 ; 344 : 1398-402.

Épidémiologie génétique

PRÉVALENCE ET INCIDENCE DE LA SCHIZOPHRÉNIE

La prévalence[1] de la schizophrénie, traditionnellement située autour de 1 % de la population générale dans les travaux antérieurs au DSM III, serait plus précisément comprise aujourd'hui entre 0,14 et 0,46 % des individus de manière assez homogène dans le monde, quels que soient les groupes ethniques et les cultures (Jablensky, 2000). En raison d'un taux annuel faible de morbidité, l'incidence[2] de la schizophrénie est évaluée à partir des admissions hospitalières itératives, ce qui n'est pas entièrement satisfaisant puisqu'on passe obligatoirement ainsi à côté des formes mineures ou insidieuses. Le taux d'incidence habituellement retenu est

1. La prévalence correspond au nombre de cas pathologiques observés dans une population, à un moment donné ou sur une période définie (lorsqu'il s'agit de la vie entière, la prévalence est approximativement égale au risque morbide) ; étant donné la nature souvent chronique mais non mortelle de la schizophrénie, seules de légères différences apparaissent entre la prévalence vie entière et la prévalence ponctuelle.
2. L'incidence est le nombre de *nouveaux cas* apparus dans une population *pendant une période de temps donnée* (le plus souvent une année).

compris entre 0,16 et 0,42 ‰ en population générale. Tous ces chiffres sont naturellement hautement dépendants de la définition du phénotype « schizophrénie » et des critères opérationnels utilisés.

FACTEURS DE VARIATION

Ces chiffres globaux ne doivent pas occulter l'existence de certaines différences, en particulier des variations régionales et des variations liées au sexe. Les études multicentriques conduites par l'OMS ont souligné les différences importantes d'évolution et de pronostic entre les nations occidentales industrialisées et les pays dits en voie de développement, l'avantage allant à ces derniers. Les facteurs sous-jacents à cette constatation demeurent en grande partie inexpliqués mais impliquent vraisemblablement des interactions entre des facteurs génétiques et des facteurs environnementaux biologiques et/ou psychosociaux.

Les prévalences élevées de schizophrénie sont généralement observées au sein d'isolats génétiques, sans qu'on puisse exclure, là non plus, l'intervention de facteurs environnementaux qui pourraient contribuer à moduler l'expression de la pathologie. Mais, quelles que soient les hypothèses étiologiques formulées pour justifier ces variations, les études de prévalence doivent avant tout être interprétées avec une grande prudence en raison de nombreuses difficultés méthodologiques. En particulier, des espérances de vie différentes selon les pays ou les groupes sociaux pourraient expliquer une certaine fluctuation des chiffres de prévalence, le taux de survie des patients schizophrènes pouvant varier significativement selon les cas. Par ailleurs, la distribution des âges est fonction du niveau de développement des populations étudiées ; ainsi, dans un pays en voie de développement, la population étant majoritairement très jeune, une grande partie des individus n'a pas encore atteint l'âge de début de la schizophrénie.

Pour pallier le risque de sous-estimation de la prévalence, il convient alors de calculer les taux sur des cohortes d'âges donnés, mais cette précaution n'a pas toujours été observée. Bien que certaines différences découlent ainsi d'artefacts méthodologiques, il est cependant probable que les chiffres sont le reflet de variations authentiques de la prévalence et de la sévérité de la maladie. Ceci ne devrait d'ailleurs pas surprendre si l'on se réfère à d'autres pathologies à étiologie complexe – à la fois génétique et environnementale – comme les cardiopathies, le diabète insulinodépendant, la polyarthrite rhumatoïde ou la sclérose en plaques, au sujet desquelles on observe également des variations considérables de la prévalence régionale. D'autres facteurs de géographie humaine ont été étudiés en relation avec la prévalence de la schizophrénie, notamment le degré d'urbanisation du lieu de naissance, avec une incidence plus élevée chez les citadins à partir des années 1960 (Haukka *et al.*, 2001). Là encore, ces variations sont à mettre sur le compte de facteurs environnementaux. Par ailleurs, le sexe constitue un autre facteur bien connu de variation, avec – parallèlement à un âge de début plus tardif et à un pronostic de meilleure qualité – des chiffres d'incidence moins élevés chez la femme que chez l'homme.

Enfin, il est bien évident que tous les facteurs environnementaux interagissant avec les gènes à l'origine des perturbations du développement cérébral (infections périnatales, complications obstétricales, etc.) sont autant de facteurs de variation de la prévalence et de l'incidence, mais l'étude détaillée de ces facteurs de risque dépasse le cadre de cet ouvrage.

VARIATIONS SÉCULAIRES DE L'INCIDENCE DE LA SCHIZOPHRÉNIE

Si la prévalence et l'incidence de la schizophrénie sont sensibles à la géographie humaine, il paraît logique qu'elles varient dans le temps parallèlement aux conditions environnementales. Certains arguments permettent de penser que l'incidence de la schizophrénie aurait augmenté au cours du XIXe siècle, c'est-à-dire précisément dans les décennies qui ont précédé la description clinique de la maladie. Il est probable que les sociétés européennes pré-industrielles s'apparentaient, par certains aspects, aux actuels pays en voie de développement, dans lesquels la moindre incidence et le meilleur pronostic apparent de la maladie ont été soulignés. Les bouleversements qui accompagnèrent l'industrialisation de l'occident auraient pu être à l'origine d'un accroissement de la pression des facteurs environnementaux de vulnérabilité à la schizophrénie, tant biologiques que psychosociaux.

À l'opposé, des travaux récents ont conclu à une diminution progressive de l'incidence de la schizophrénie depuis les années 1950, avec près de 50 % de diminution des taux de première admission dans les pays industrialisés. Naturellement, il n'est pas possible d'entériner ces observations sans un examen détaillé des méthodologies sollicitées, ces études pouvant légitimement être suspectées de divers biais, notamment en relation avec les modifications des critères cliniques et avec la tendance croissante à désinstitutionnaliser les malades mentaux. Toutefois, le déclin des chiffres de primo-admission pour schizophrénie est bien supérieur à celui observé dans d'autres pathologies mentales, malgré des taux de réadmissions qui sont, eux, restés stables.

Par ailleurs, le taux de premier contact des patients schizophrènes dans les structures de consultation extrahospitalières semble aussi avoir diminué parallèlement aux primo-admissions hospitalières. L'évolution des pratiques diagnostiques a bien entendu été évoquée parmi les biais possibles, ainsi que la pertinence des informations contenues dans les registres de patients. Cependant, il a été montré que toutes ces hypothèses étaient insuffisantes pour rendre compte du phénomène, et la diminution progressive de l'incidence de la schizophrénie semble aujourd'hui certaine, parallèlement à une diminution de la gravité clinique de la maladie.

La constatation d'une augmentation parallèle des hospitalisations pour dépression majeure autorise par ailleurs l'hypothèse que, de nos jours, certains sujets génétiquement prédisposés à la schizophrénie développeraient préférentiellement d'autres affections « moins graves » du spectre de la schizophrénie, en particulier des troubles de l'humeur *(voir plus loin)*. Au total, des modifications significatives du génome humain étant naturellement à écarter sur de si courtes périodes, ces observations permettent de concevoir que c'est le poids des facteurs environnementaux de vulnérabilité à la schizophrénie qui a varié au cours du temps.

Dans ce contexte, et compte tenu du fait que les principaux facteurs environnementaux identifiés dans la schizophrénie exercent leur impact en période périnatale, il devient légitime de penser que l'amélioration progressive des conditions de la grossesse et/ou l'amélioration des soins périnataux depuis les années 1950 ont été à même de réduire la gravité des lésions cérébrales neurodéveloppementales qui prédisposent à l'expression clinique de la schizophrénie. Toutefois, dans quelques communautés immigrées dans les pays occidentaux, l'incidence semble au contraire augmenter. Par exemple, chez les enfants de parents afro-carribéens immigrés en Grande-Bretagne, elle est trois fois plus importante comparativement aux enfants nés de parents britanniques. Là encore, on doit rechercher la cause de ces variations dans l'environnement matériel et/ou psychosocial.

« ÉPIDÉMIOLOGIE »

Au XIXe siècle, l'hérédité était généralement considérée comme la cause la plus ordinaire de la folie, et au milieu du siècle, Morel élabora la première théorie des interactions entre le milieu et l'hérédité en psychiatrie. À la fin du XIXe siècle, Kraepelin établit les grands cadres nosologiques qui sont restés utilisés jusqu'à nos jours, avec ce qui deviendra bientôt la « schizophrénie » et la « psychose maniaco-dépressive », maladies estimées distinctes mais relevant, l'une et l'autre, d'un support héréditaire évident.

Comme chacun sait, d'autres psychiatres ont par la suite nié les bases génétiques de la schizophrénie en dépit d'évidences épidémiologiques répétées. Mais ces positions purement idéologiques ont fini par s'effacer devant les faits. Aujourd'hui, si de nombreux points demeurent incompris, la contribution génétique au développement de la schizophrénie apparaît comme l'une des données scientifiques les plus solidement établies.

AGRÉGATION FAMILIALE DES CAS DE SCHIZOPHRÉNIE

La mise en évidence d'une concentration – ou agrégation – familiale revient à constater l'augmentation de la prévalence d'une affection chez les apparentés de sujets proposants (sujets atteints), comparée à la population générale, ou mieux, comparée à celle des apparentés de sujets contrôles. Depuis le début du XXe siècle, plusieurs dizaines d'études ont montré l'existence d'une agrégation familiale des cas de schizophrénie, y compris après contrôle des nombreux biais envisagés.

Au début des années 1980, Gottesman et Shields ont établi que, rapporté au risque traditionnel de 1 % dans la population générale, le risque de schizophrénie est environ dix fois supérieur chez les apparentés de premier degré d'un patient schizophrène (parents, germains, enfants). Ce chiffre, qui varie en fonction du lien de parenté, est plus élevé chez les frères et sœurs (environ 10 %) ou chez les enfants (environ 13 %) d'un malade que chez ses parents (environ 6 %). Ces différences entre collatéraux et ascendants de premier degré s'expliquent logiquement par le handicap procréationnel des patients schizophrènes. Les chiffres varient également en fonction du nombre d'individus atteints dans une même famille, avec par exemple près de 17 % de récurrence, si un frère et un parent sont l'un et l'autre atteints. Par ailleurs, le risque varie en fonction de la sévérité du tableau clinique du proposant, avec environ 21 % de récurrence chez les enfants d'un hébéphrène, contre environ 10 % chez les enfants d'un paranoïde. Quant aux enfants de deux parents schizophrènes, leur risque moyen de devenir schizophrènes est évalué à 46 %.

Contrastant avec ces chiffres, le risque de récurrence de la schizophrénie n'est plus que de 4 % environ chez les demi-germains, et de 3 % environ chez les apparentés de second degré (oncles/tantes, neveux/nièces et petits-enfants). Dans les études plus récentes, les chiffres observés sont généralement plus bas, dans la mesure où les critères du DSM IV sont plus restrictifs que l'approche diagnostique dite subjective utilisée dans les travaux antérieurs aux années 1980. Mais la prévalence de la schizophrénie étant également plus basse avec ces critères en population générale, le risque relatif demeure toujours environ dix fois supérieur chez les apparentés de premier degré des patients.

Ainsi, une étude récente indique un risque de récurrence de 5 % chez les apparentés de premier degré, de 3,1 % chez les apparentés de second degré et de 1,5 % chez les apparentés de troisième degré, rapporté à un risque de 0,8 % chez les contrôles de cette étude (Maier *et al.*, 2002). Dans tous les travaux, le risque de récurrence de la maladie apparaît clairement comme une fonction de la charge génétique, laquelle est reflétée par le nombre de sujets atteints dans la famille, la proximité de l'apparentement avec le proposant et aussi la sévérité du tableau clinique. Les patients ayant des apparentés malades mentaux ont en effet davantage de symptômes et davantage de réhospitalisations que ceux qui n'en ont pas.

Il faut noter aussi que le risque de schizophrénie pour les apparentés de second et de troisième degrés est surtout augmenté lorsqu'on se réfère à des critères diagnostiques larges, alors que ces sujets sont peu concernés par la schizophrénie lorsqu'on se réfère à des critères plus étroits. Il s'agit là encore d'une autre façon d'évoquer une charge génétique de poids variable avec la proximité de l'apparentement.

HÉTÉROGÉNÉITÉ CLINIQUE DE LA SCHIZOPHRÉNIE

Dans les années 1930, Kallman constatait 70 % d'homotypologie (même forme clinique) chez deux patients apparentés au premier degré. Ces résultats ne sont pas retrouvés par tous les auteurs qui alternativement ont confirmé ou infirmé l'homotypologie. Ces discordances pourraient être liées à l'évolutivité de certaines formes de schizophrénie, les sous-types de schizophrénie n'étant que modérément stables au cours de la vie. Par conséquent, la comparaison de sous-groupes de patients schizophrènes qui seraient à différentes étapes de l'évolution de leur maladie, pourrait conduire à biaiser les résultats. Il faut noter que ces changements de forme clinique au cours du temps ne vont pas dans le sens d'une origine génétique distincte de ces formes.

NOTION DE SPECTRE DE LA SCHIZOPHRÉNIE

Parallèlement au débat sur l'homotypologie, le problème de la définition des limites de la schizophrénie a été réactivé par les études familiales qui ont révélé une fréquence accrue de certains autres troubles psychiatriques dans les familles de proposants schizophrènes. Les études d'adoption *(voir plus loin)* ont permis de confirmer l'impression qu'un halo de pathologies psychiatriques partage des facteurs étiologiques avec cette affection. Kety *et al.* (1968) ont regroupé ces troubles sous le terme de « spectre » de la schizophrénie. De nombreux travaux ont permis de préciser et d'étendre peu à peu les limites de ce spectre qui comprend aujourd'hui :

– les troubles de personnalité regroupés dans le cluster A du DSM IV (personnalité schizotypique, personnalité schizoïde, personnalité paranoïaque) ; bien que notée par plusieurs auteurs, l'appartenance du trouble de personnalité « limite » au spectre de la schizophrénie est plus controversée ;

– le trouble schizophréniforme qui n'est rien d'autre qu'un épisode schizophrénique de durée brève ;

– le trouble schizoaffectif ; dans la littérature, ce trouble a tour à tour été considéré comme un sous-groupe des troubles de l'humeur, comme un sous-groupe de schizophrénie, comme une entité hétérogène sur le plan étiologique (tantôt liée à la schizophrénie, tantôt aux troubles de l'humeur) ou comme une pathologie entièrement distincte des deux autres. Ce débat n'est d'ailleurs qu'une facette de la controverse récemment réactivée qui oppose la théorie de la dichotomie des psychoses à celle de la psychose unique ;

– il apparaît aujourd'hui que le trouble bipolaire et les dépressions récurrentes (trouble unipolaire) appartiennent également au spectre de la schizophrénie. Depuis les travaux de Kraepelin et en contradiction avec ceux-ci, un nombre croissant d'arguments indique que les deux troubles sont étroitement apparentés, tant au niveau des facteurs de risque connus qui sont généralement partagés, qu'au niveau symptomatique avec un recouvrement considérable. Des études de suivi à long terme ont également montré qu'une modification d'un diagnostic de schizophrénie en diagnostic de trouble de l'humeur concernerait jusqu'à 10 à 15 % des cas. De plus, les études familiales révèlent une coagrégation des deux affections, et les études de jumeaux suggèrent un recouvrement significatif des gènes contribuant à la schizophrénie, au trouble schizoaffectif et à la manie, ce qui n'exclut pas que certains gènes présentent un caractère plus spécifique. Le risque de dépression majeure aussi est significativement augmenté chez les apparentés de proposants schizophrènes où il est comparable à celui qu'on observe chez les apparentés de proposants bipolaires. Des études récentes ont montré que le trouble schizoaffectif et les troubles de l'humeur étaient également plus fréquents chez les apparentés de second et de troisième degré des patients schizophrènes. Toutefois, le risque de schizophrénie serait plus grand en l'absence d'une histoire familiale de troubles affectifs, ce qui suggère que, malgré un noyau génétique commun aux deux groupes d'affections, d'autres gènes pourraient moduler l'expression phénotypique en l'infléchissant plutôt vers le trouble bipolaire ou plutôt vers la schizophrénie.

Au total, et bien que l'approche catégorielle demeure très utilisée en pratique quotidienne, toutes ces données laissent penser qu'il serait préférable d'envisager la clinique de la schizophrénie et des troubles de l'humeur sous l'angle dimensionnel. Selon cette nouvelle approche, ce que nous qualifions usuellement de « psychose » serait constitué par la conjonction de plusieurs dimensions cliniques exprimées à des degrés d'intensité variables d'un individu à l'autre, et qui pourraient chacune être sous-tendues par des mécanismes génétiques et neurophysiologiques relativement spécifiques. C'est ainsi que de nombreux auteurs individualisent au moins cinq dimensions diversement qualifiées mais pouvant être appelées « positive », « négative », « désorganisation », « excitation » et « dépression ». En fonction de leur intensité, les dimensions exprimées rendraient compte de la diversité des tableaux cliniques, y compris ceux que nous nommons traditionnellement « schizophrénie » et « trouble bipolaire ». Ces conceptions vont de pair avec la notion d'un continuum entre les psychoses dites « non affectives » et « affectives » mais également d'un continuum entre la « normalité » et la « psychose » en fonction de l'intensité des dimensions exprimées.

On s'éloigne ainsi peu à peu du modèle médical traditionnel dans lequel les différences entre les symptômes psychotiques et la normalité étaient envisagées sous un angle qualitatif. Ces conceptions ont naturellement des implications importantes en matière de recherche et en particulier de recherche génétique.

À l'issue de cette revue des études familiales d'agrégation, nous observons que le risque de développer une schizophrénie est plus élevé chez les apparentés d'un sujet schizophrène que dans la population générale et que ces apparentés présentent également un risque accru de développer d'autres troubles psychiatriques regroupés sous le terme de spectre. Toutefois, si cette constatation est nécessaire, elle n'est théoriquement pas suffisante pour démontrer l'implication de facteurs génétiques dans la schizophrénie. En effet, d'autres mécanismes étiologiques pourraient être susceptibles de générer une concentration familiale des cas de schizophrénie, en particulier des facteurs environnementaux biologiques et/ou psychosociaux.

L'étude de l'agrégation familiale des cas pathologiques ne permet pas de dissocier aisément les influences génétiques des influences environnementales, puisqu'elles évoluent toutes deux en fonction du degré d'apparentement. Ceci est d'autant plus vrai qu'on s'intéresse à des pathologies à étiologie complexe, du fait de l'hétérogénéité potentielle des facteurs causaux. Pour isoler une composante étiologique génétique, il convient donc de solliciter d'autres méthodes épidémiologiques. La méthode des jumeaux et la méthode des adoptés répondent à ce but.

ÉTUDES DE JUMEAUX ET D'ENFANTS DE JUMEAUX

Fondée par Galton en 1875, comme moyen de séparer l'influence culturelle de l'hérédité, la gémellologie permet théoriquement d'évaluer l'importance des facteurs génétiques dans n'importe quel phénomène décelable chez l'Homme, qu'il soit physiologique ou pathologique.

Le principe de ces études repose sur la comparaison du taux de concordance de la maladie chez les jumeaux monozygotes (MZ) et chez les jumeaux dizygotes (DZ), avec le présupposé que ces jumeaux partagent les mêmes influences culturelles et environnementales. En d'autres termes, connaissant le zygotisme et sachant qu'au moins un des jumeaux de chaque paire est atteint, il s'agit de déterminer la proportion de cojumeaux également affectés. Dans le cas d'une pathologie exclusivement génétique, le taux de concordance clinique devrait être de 100 % chez les jumeaux MZ, étant donné que leur patrimoine génétique est quasiment identique. À l'inverse, dans une pathologie purement environnementale, le taux de concordance observé chez les jumeaux MZ ne devrait pas être supérieur à celui constaté chez les jumeaux DZ.

Les études rapportent des résultats intermédiaires. Malgré d'inévitables fluctuations des chiffres, on retrouve un taux de concordance qui n'atteint pas 100 % mais qui est systématiquement supérieur dans les paires MZ comparées aux paires DZ. Une revue récente de la littérature situe cette concordance intrapaires entre 41 et 65 % chez les MZ contre 0 à 28 % seulement chez les DZ. L'étude exhaustive de tous les jumeaux de même sexe nés en Finlande entre 1940 et 1957 permet d'estimer que 83 % de la variance s'expliquerait par des facteurs génétiques, les 17 % restants revenant à l'environnement.

D'autres caractéristiques génétiques associées à la schizophrénie ont été étudiées à l'aide de la méthode des jumeaux, en particulier l'asymétrie des empreintes digitales qui apparaît comme un excellent indicateur du risque de survenue de schizophrénie dans les paires MZ. Ces résultats remarquables des études de jumeaux ont parfois été soupçonnés de découler de biais environnementaux. Ainsi, la concordance plus élevée notée dans les paires MZ a pu être mise sur le compte d'un environnement socioculturel plus homogène. L'étude de jumeaux élevés séparément permettrait de lever ce type de doutes en raison des conditions postnatales socioéducatives différentes que cette séparation suppose.

Théoriquement très séduisante, cette approche se heurte néanmoins à des difficultés méthodologiques, à commencer par la petite taille des échantillons étudiés. Les résultats disponibles sont toutefois comparables à ceux des études de concordance intrapaires plus classiques. Mais malgré ces précisions, il n'est en fait pas possible d'affirmer la totale pertinence des études gémellaires dans la mesure où l'environnement intra-utérin est souvent plus perturbé chez les jumeaux MZ que chez les jumeaux DZ, avec pour conséquences une croissance fœtale de moins bonne qualité et une mortalité périnatale plus élevée chez les premiers. Ainsi, dans les pathologies comme la schizophrénie – où l'environnement biologique prénatal est susceptible d'exercer une influence étiologique importante –, un taux de concordance supérieur dans les paires MZ pourrait tout autant découler de perturbations intra-utérines retentissant sur les deux enfants, que du partage de facteurs génétiques identiques.

De rares travaux centrés sur des enfants de jumeaux démontrent pourtant clairement que des facteurs génétiques sont bien prépondérants dans la survenue de la schizophrénie. Ainsi, Gottesman et Bertelsen (1989) rapportent le devenir des enfants nés de jumeaux MZ et DZ dont l'un au moins est schizophrène. Le risque de schizophrénie est élevé chez les enfants des jumeaux MZ, que le jumeau parent soit schizophrène ou non. En revanche, si le risque de schizophrénie est également élevé chez les enfants des jumeaux DZ schizophrènes, il est bas chez les enfants de leurs cojumeaux non malades. Ces données semblent indiquer que le fait d'être élevé par un parent schizophrène n'augmente pas le risque de développer la maladie, qui serait alors davantage dépendant de la prédisposition biologique. Toutefois, ce travail démontre aussi l'importance des facteurs environnementaux, en confirmant qu'un sujet porteur d'un génotype à risque et transmettant la schizophrénie à sa descendance peut, lui-même, ne pas développer la maladie.

Au total, les études de jumeaux et d'enfants de jumeaux apportent des arguments très convaincants en faveur d'une participation génétique dans la schizophrénie, laquelle semble d'autant plus marquée que le phénotype clinique est sévère. Concomitamment, ces études démontrent aussi l'intervention de facteurs environnementaux dans le déterminisme de la maladie, puisque la concordance phénotypique est loin d'être totale chez les MZ, et puisque des individus non malades mais génétiquement vulnérables transmettent la maladie avec la même fréquence que les malades. Ces méthodes ne sont toutefois pas à même de distinguer dans l'environnement ce qui revient à la biologie et aux influences culturelles socio-familiales. C'est le but des études d'adoption.

ÉTUDES D'ADOPTION

Les études d'adoption constituent une situation expérimentale intéressante pour départager les influences héréditaires et biologiques périnatales des influences du milieu psychosocial et éducatif. Deux types de stratégies sont applicables :

– la première approche consiste, après avoir identifié un échantillon d'adultes malades adoptés dans l'enfance, à retrouver leurs parents biologiques et à les apparier à d'autres sujets adoptés dans l'enfance, mais non malades. La comparaison porte alors sur les deux groupes de parents biologiques ;

– la seconde approche consiste, après avoir identifié des parents malades ayant donné leur enfant à adopter, et les avoir appariés à des parents non malades dans la même situation, à comparer la prévalence de la maladie chez leurs enfants devenus adultes.

Quelle que soit l'approche utilisée, les études d'adoption démontrent l'importance cruciale du déterminisme génétique dans la survenue des schizophrénies. Globalement, le risque de schizophrénie est multiplié par dix chez les sujets biologiquement apparentés au premier degré à un patient schizophrène adopté dans l'enfance ; ce chiffre est remarquablement superposable à celui qu'on observe dans les études familiales classiques. Une étude danoise indique aussi que les apparentés biologiques non schizophrènes des adoptés schizophrènes expriment davantage d'affections du spectre de la schizophrénie et même de traits psychotiques latents. Corrélativement, le risque de schizophrénie est faible chez les sujets adoptés dépourvus d'apparentés biologiques psychotiques, et ce, qu'ils soient élevés par des parents adoptifs sains ou par des parents adoptifs dont l'un est psychotique. Ces constatations sont également applicables aux troubles du spectre.

Au total, l'adoption – c'est-à-dire l'impact de conditions psychosociales différentes de celles du milieu d'origine – ne paraît pas modifier considérablement le risque de développer la maladie chez les enfants appartenant à une famille biologique à risque. Cependant, des études plus récentes ont montré que l'environnement psychosocial et éducatif de la famille adoptive était une donnée plus importante qu'on ne le pensait initialement. Ainsi, on observe davantage de cas de schizophrénie et une plus grande sévérité du tableau clinique chez les sujets à la fois biologiquement prédisposés à la schizophrénie et ayant été élevés par des parents adoptifs atteints d'une pathologie mentale. Bien entendu, les études d'adoption ne sont pas exemptes de critiques méthodologiques, en particulier celles qui sont inhérentes aux études rétrospectives. Ainsi, une perte d'information peut survenir lors de l'évaluation des parents biologiques, et surtout lors de l'évaluation des parents adoptifs dans la mesure où ils ont tendance à occulter leurs antécédents héréditaires. Par ailleurs, il existe en pratique une double sélection des enfants adoptables et des parents adoptifs : les enfants dont le handicap se révèle précocement sont rarement adoptés, et il est très fréquemment tenu compte du niveau socio-économique et sanitaire des parents adoptifs, mais aussi des parents biologiques. En outre, l'âge de l'enfant au moment de l'abandon et les vicissitudes précédant l'adoption définitive n'ont pas toujours été pris en compte. Enfin, même en dehors de toute pathologie psychiatrique avérée, il est légitime de s'interroger sur la personnalité des parents contrôles qui ont abandonné leurs enfants. Néanmoins, en dépit de ces limitations, les résultats des études d'adoption sont remarquablement convergents avec les résultats obtenus au moyen des autres types d'approche.

Au terme de cette revue des études épidémiologiques familiales, il est possible d'affirmer l'existence d'une composante génétique nette à l'origine de la schizophrénie. Les études de jumeaux et d'enfants de jumeaux démontrent en outre l'implication concomitante de facteurs environnementaux qui, d'après les études d'adoption, sont davantage de nature biologique que de nature psychosociale ou éducative, sans que ces composantes soient exclues. Ces données conduisent à tenter de déterminer le mode de transmission du (ou des) facteur(s) génétique(s) impliqué(s) dans l'étiologie de la maladie.

MODE DE TRANSMISSION DE LA SCHIZOPHRÉNIE

Dans les affections génétiques, le taux de morbidité varie généralement avec le degré d'apparentement biologique et donc de proximité génétique : les parents au premier degré – qui partagent 50 % des gènes avec le proposant – doivent avoir des taux de morbidité comparables entre eux, et supérieurs à ceux des parents du second degré qui, eux, ne partagent que 25 % des gènes avec le proposant. Cependant, il existe un biais d'échantillonnage car les familles ne peuvent être identifiées qu'au travers de leurs membres phénotypiquement repérables, de sorte que la probabilité de recenser une famille est une fonction complexe du nombre de malades qu'elle recèle et de la sévérité de leur tableau clinique.

Ceci avait été remarqué dès le début du XXe siècle dans les maladies héréditaires récessives où l'on ne retrouve pas les proportions mendéliennes attendues de 3/4-1/4 mais un excès de malades, c'est-à-dire un excès d'homozygotes pour l'allèle muté. L'explication réside dans le fait que les familles ne comprenant que des enfants hétérozygotes, donc non malades, ne sont pas repérées et échappent aux analyses. Des corrections mathématiques permettent de pallier cet inconvénient et de tester diverses hypothèses concernant l'importance relative des gènes et du milieu dans le déterminisme des ressemblances familiales.

Les familles nucléaires (c'est-à-dire un couple parental et ses enfants biologiques) constituent un excellent matériel d'étude sur lequel on peut tester la pertinence des modèles de transmission, à la réserve près que cela implique l'étude d'un grand nombre de familles. Cette stratégie ne peut donc se concevoir que si le trouble étudié relève d'une étiologie unique, valable pour toutes les familles analysées, ce qui n'est pas établi dans le cas de la schizophrénie. L'analyse d'une grande famille comprenant plusieurs générations avec de nombreux enfants malades et non malades (famille multiplex) permet en théorie de contourner cette difficulté : si plusieurs membres d'une même famille souffrent d'une pathologie identique, l'hypothèse que ces cas sont déterminés par une même étiologie apparaît raisonnable.

Cependant, de telles généalogies étendues sont assez rares et difficiles à étudier en raison de la fréquente dispersion géographique de leurs membres. De plus, cette approche n'est pas sans inconvénient dans des pathologies à prévalence élevée, en raison du risque d'entrées multiples des gènes de vulnérabilité. Ainsi, lorsque plusieurs cousins sont malades dans une grande famille, rien ne certifie que la schizophrénie leur a bien été transmise par l'un de leurs ancêtres communs, la maladie pouvant tout aussi bien provenir des « pièces rapportées ». Ce risque pourrait même être très important dans le cas où la vulnérabilité à la schizophrénie serait très répandue dans la population générale. À ce propos, il faut noter que le risque de schizophrénie est deux fois supérieur à celui de la population générale chez les conjoints de patients schizophrènes, ce qui est en faveur d'unions assorties non aléatoires et accrédite bien cette possibilité d'entrées multiples de gènes de vulnérabilité au sein d'un même lignage.

D'autres inconnues compliquent encore les analyses qui visent à déterminer si la fréquence de ségrégation s'écarte ou non des classiques rapports mendéliens. En particulier, cette fréquence de ségrégation – c'est-à-dire la probabilité qu'un enfant a d'être atteint, en fonction du génotype de ses parents – est inconnue, de même que la proportion de cas sporadiques qui peuvent relever de mutations spontanées ou de causes non génétiques (phénocopies). Tous ces paramètres doivent donc être estimés, avec le risque d'erreur que cela comporte. Malgré ces limitations, plusieurs modes de transmission ont successivement été proposés pour essayer de rendre compte de la distribution des malades observée dans les familles multiplex.

• Modèles à un seul gène : gène unique ou hétérogénéité génétique

La première hypothèse, formulée dès le début du XXe siècle, est que la schizophrénie pourrait résulter de l'altération d'un seul gène. Cependant, les analyses de transmission du phénotype « schizophrénie » dans les familles multiplex écartent une hérédité de type mendélien classique. En effet, sous l'hypothèse d'un mode de transmission autosomique dominant à pénétrance complète, on devrait s'attendre à trouver 75 % d'enfants malades dans le cas où les deux parents sont malades ; suivant l'hypothèse d'une transmission autosomique récessive à pénétrance complète, 100 % des enfants de ces couples devraient être atteints, alors que le risque réel de développer la maladie est seulement de 46 % chez les enfants de deux malades ; enfin, le modèle classique de transmission liée à l'X peut également être exclu comme explication globale, en raison de l'existence de nombreuses familles où un père et ses fils sont malades.

Si l'on veut conserver l'hypothèse d'une transmission monogénique, les risques non mendéliens constatés dans les familles doivent alors être interprétés comme la conséquence d'une pénétrance réduite (c'est-à-dire que les individus qui héritent du gène délétère ne développent pas obligatoirement la maladie) et/ou comme un effet lié à l'existence de phénocopies.

Malgré ces adaptations, un modèle à un seul gène rend mal compte de la répartition des cas pathologiques observés dans les familles multiplex, et ne permet pas d'expliquer la relation entre le risque encouru par un sujet et son lien de parenté avec le proposant. Par ailleurs, l'hypothèse d'une hétérogénéité génétique – selon laquelle le phénotype « schizophrénie » pourrait relever de gènes uniques différents d'une famille à l'autre – n'est pas validée non plus.

• Modèle à deux gènes et à plusieurs gènes avec un effet « gène majeur »

Le modèle monogénique ne paraissant pas adapté à la schizophrénie, d'autres hypothèses ont été testées. Ainsi, des analyses de liaison basées sur deux loci sont apparues compatibles avec un modèle où les gènes associés à la schizophrénie seraient relativement communs dans la population générale ; dans ce modèle, les individus porteurs d'une mutation sur un seul des deux gènes ne sont pas affectés cliniquement, et seuls ceux qui portent conjointement les deux mutations expriment le phénotype. Cette hypothèse permet de rendre compte à la fois de l'existence des formes familiales et des formes sporadiques de la maladie mais ne tient pas compte du rôle de l'environnement et conduit à considérer le phénotype en tout ou rien.

En d'autres termes, ce modèle n'est pas à même d'expliquer l'ensemble des données actuelles. D'autres auteurs ont avancé que la schizophrénie résulterait plutôt de plusieurs gènes dont l'un aurait davantage de poids que les autres et serait pour cela qualifié de gène majeur. Ce modèle a initialement été développé par Meehl pour qui un gène majeur serait directement responsable de troubles comportementaux et cognitifs mineurs appelés « schizotaxie », le phénotype « schizophrénie » devant être considéré comme la résultante d'interactions entre ce gène, d'autres gènes dits mineurs et l'environnement. Le modèle proposé par Meehl a été qualifié de modèle mixte par Morton et McLean (1974), qui l'ont développé sur le plan mathématique pour le confronter aux données réelles. Là encore, les analyses n'ont jamais été concluantes et si un effet « gène majeur » existe bien dans la schizophrénie, cet effet doit être limité. On peut d'ailleurs penser que si la schizophrénie résultait d'un gène unique, d'un gène majeur ou de deux gènes seulement, les nombreuses études de liaison entreprises depuis la fin des années 1980 auraient permis d'identifier ce (ou ces) gène(s). À l'évidence ce n'est pas ce qui s'est produit, en tout cas pas dans les études basées sur le phénotype « schizophrénie catégorielle ».

- **Modèle multigénique multifactoriel à effet de seuil**

Aujourd'hui, de nombreux auteurs considèrent que la schizophrénie est sous la dépendance d'un grand nombre de gènes ayant chacun un poids mineur pris individuellement, mais qui combinent leurs effets pour générer le phénotype (ici la schizophrénie catégorielle), lequel ne devient cliniquement détectable que lorsque la somme totale des risques dépasse un seuil situé le long d'un continuum. En assumant une héritabilité multigénique de 80 %, les analyses de ségrégation parviennent à calquer le risque empirique réellement observé dans les familles, les 20 % restants étant attribués à l'impact de facteurs environnementaux concomitants.

Il faut noter que ces chiffres, estimés dans les années 1980, sont remarquablement proches de ce qu'indique l'étude exhaustive des paires de jumeaux finlandais récemment réalisée et citée plus haut. De plus, contrairement aux modèles plus simples, le modèle multifactoriel à seuil est compatible avec une expression phénotypique non dichotomique et permet de rendre compte d'une relation entre le risque encouru par un sujet, et son lien de parenté avec le proposant.

- **Mutation *de novo* : répétitions de trinucléotides ?**

Rien ne démontre pour l'instant que les gènes impliqués dans les schizophrénies à forme familiale sont également impliqués dans les formes sporadiques de la maladie qui représentent la majorité des cas. Cependant, des travaux récents ne retrouvent pas de différence entre les cas familiaux et sporadiques de schizophrénie, que ce soit pour l'âge de début de la maladie, le tableau clinique ou un certain nombre de caractéristiques cognitives. Ces données vont donc dans le sens d'une assez grande homogénéité du processus qui conduit à la maladie, et pourraient signifier qu'il existe assez peu de phénocopies, c'est-à-dire peu de cas liés à des facteurs environnementaux indépendants des gènes de vulnérabilité impliqués dans les formes familiales.

Des hypothèses alternatives doivent donc être envisagées. Ainsi, dans le cas où la vulnérabilité génétique à la schizophrénie s'exprimerait assez rarement sur le plan clinique, on pourrait observer des cas de schizophrénie, en apparence sporadiques, dans une famille jusque là dépourvue de sujets psychotiques. L'existence de mutations *de novo* dans les cellules germinales est une autre possibilité permettant d'expliquer l'apparition des cas sporadiques. De récents travaux sur l'influence de l'âge paternel au moment de la conception laissent même entrevoir que ce phénomène pourrait ne pas être marginal dans la schizophrénie. De fait, lorsque le père est âgé de plus de 45 ans au moment de la conception, le risque de schizophrénie est augmenté de 2,8 fois chez l'enfant, comparé à celui d'enfants de pères âgés de 20 à 24 ans. L'hypothèse de mutations germinales est d'ailleurs confortée par le fait que l'âge moyen du père au moment de la conception d'un futur patient est plus élevé en cas de schizophrénie sporadique qu'en cas de forme familiale.

Un taux significatif de mutations spontanées pourrait ainsi contribuer à maintenir une prévalence élevée de la schizophrénie dans la population générale malgré le fort handicap procréationnel des patients. Parmi les mécanismes possibles, on évoque des anomalies de réplication, des répétitions de trinucléotides, et des phénomènes d'empreinte génomique (Malaspina, 2001).

Ces hypothèses sont compatibles avec le phénomène d'anticipation qui consiste en une aggravation du tableau clinique parallèlement au rajeunissement de l'âge de début de la maladie d'une génération à la suivante. Ces observations avaient été faites dès le XIXe siècle par Morel, à la base de ce qu'on a appelé la théorie de la dégénérescence, et ont été confirmées par plusieurs études récentes – tant dans la schizophrénie que dans les troubles de l'humeur – après plus d'un siècle d'abandon (*voir chapitre* « Concept d'anticipation : mécanisme génétique »). Le processus génétique d'expansion paraît à même de rendre compte de l'anticipation clinique ; il s'agit d'une augmentation progressive, d'une génération à l'autre, de séquences répétées de trinucléotides familièrement qualifiées de « bégaiements de l'ADN ». Depuis le début des années 1990, plus d'une vingtaine de maladies neurologiques cliniquement caractérisées par une anticipation ont été associées à de telles expansions de l'ADN. Ceci a également été observé par plusieurs auteurs dans la schizophrénie, les patients exprimant en moyenne davantage de séquences répétées que des sujets contrôles.

Des travaux récents retrouvent même une corrélation entre la longueur des répétitions CAG/CTG et le retard du développement psychomoteur chez des patients schizophrènes. Par ailleurs, cette expansion pourrait être associée à un phénomène d'empreinte génomique, c'est-à-dire à un processus épigénétique par lequel des gènes spécifiques sont différentiellement marqués pendant la gamétogenèse paternelle et maternelle. Certains auteurs ne valident pas cette hypothèse (DeLisi *et al.*, 2002) mais d'autres croient observer que, chez les sujets à haut risque génétique de schizophrénie, l'occurrence et la sévérité des symptômes psychotiques sont plus élevées lorsque ces sujets sont apparentés à leur proposant schizophrène par l'intermédiaire de leur père plutôt que par celui de leur mère (Miller *et al.*, 2001). D'autres travaux sont naturellement nécessaires avant de confirmer ou d'infirmer ces observations. Enfin, sur le plan épigénétique toujours, l'expression de certains gènes pourrait être variable d'une structure cérébrale à l'autre ; là encore, si certains arguments et même certaines observations préliminaires vont dans ce sens, il est prématuré de conclure.

- **Rôle de l'environnement**

L'épidémiologie démontre à l'évidence l'importance de facteurs environnementaux dans le déterminisme de la schizophrénie. Comme dans bien d'autres pathologies à étiologie complexe, l'environnement intervient en interaction avec le substrat génétique. Dans la perspective d'un continuum entre la normalité et la schizophrénie, on peut alors faire l'hypothèse que chez les sujets fortement vulnérables génétiquement, la schizophrénie pourrait se révéler en présence d'un environnement peu perturbé, alors qu'au contraire un environnement très délétère serait nécessaire pour révéler le même phénotype en présence d'un terrain génétique peu perturbé. Les études épidémiologiques indiquent que le second trimestre de développement anténatal est une période critique pour la survenue ultérieure d'une schizophrénie, ce qui permet de penser que l'essentiel des interactions génome/environnement, à la base de la schizophrénie, se produirait à cette période de la vie.

Ces facteurs environnementaux commencent à être connus et se situent en particulier dans les champs de l'infectiologie et de la nutrition, mais aussi au niveau de divers événements susceptibles de générer un stress maternel et fœtal. Les interactions entre ces divers facteurs environnementaux et les gènes de vulnérabilité à la schizophrénie sont à l'évidence très complexes et leur chronologie reste à préciser, en relation avec la chronologie du développement.

- **Vers une approche dimensionnelle et endophénotypique de la génétique de la schizophrénie**

Au total, on considère aujourd'hui qu'à l'instar d'autres maladies à étiologie complexe, la schizophrénie fait intervenir de nombreux gènes avec une hétérogénéité des loci et des allèles, des phénomènes d'épistasis (interactions non additives entre les gènes), un certain degré de pléiotropie (effets divers d'un même gène) et des facteurs environnementaux. Prises isolément, les altérations génétiques impliquées dans la schizophrénie pourraient être assez communes dans la population générale et ne causer que de très petites variations d'expression en l'absence d'interaction avec d'autres évènements.

Par ailleurs, les gènes impliqués dans la schizophrénie codent vraisemblablement – comme tous les gènes – de simples fonctions biologiques cellulaires, dont les relations avec un phénotype clinique complexe ont peu de chances d'être directes. Il ne serait donc pas illogique de ne trouver que de très faibles corrélations entre chacun des gènes pris individuellement et le phénotype catégoriel de schizophrénie. Pour augmenter la chance de mettre en évidence une association entre des gènes et une expression phénotypique, il peut alors être utile de limiter la définition du phénotype à des caractéristiques plus élémentaires que le diagnostic catégoriel de schizophrénie. Ainsi, pris isolément, le niveau de fonctionnement prémorbide, l'âge de début de la maladie, les modalités évolutives et le degré de handicap au cours de l'évolution présentent des caractéristiques familiales sous-tendues par des facteurs génétiques qui pourraient être moins complexes que ceux qui déterminent le phénotype « schizophrénie » dans son ensemble (Wickham *et al.*, 2002).

Dans la même perspective de simplification, il apparaît que l'approche clinique dimensionnelle est plus porteuse que l'approche diagnostique catégorielle pour identifier des gènes de susceptibilité à la schizophrénie. La très étudiée population de Roscomon (Irlande) a permis de vérifier que les dimensions cliniques exprimées par les patients schizophrènes, et les traits de personnalité relevés chez leurs apparentés non psychotiques, avaient des bases génétiques communes, les symptômes négatifs et positifs de schizophrénie étant prédictifs de symptômes schizotypiques correspondants chez les apparentés (Farnous *et al.*, 2001). Grâce aux études de jumeaux, on a pu vérifier l'indépendance génétique partielle de ces dimensions cliniques et démontrer par exemple que l'intensité de la dimension « désorganisation » est corrélée avec l'importance de la charge génétique (Cardno *et al.*, 2001).

Les gènes sous-tendant chacune des dimensions cliniques étant en toute logique moins nombreux que ceux qui sont impliqués dans le phénotype catégoriel de schizophrénie, cette approche pourrait faciliter l'identification de certains gènes. Outre cette nouvelle approche clinique, le désir de réduire la complexité génétique de la schizophrénie – et d'augmenter ainsi le degré de corrélation entre génotype et phénotype – a également encouragé la recherche de caractéristiques neurophysiologiques et neuropsychologiques transmissibles, ou endophénotypes, qui pourraient relever chacune d'un substratum génétique plus simple que le phénotype catégoriel de schizophrénie et les dimensions cliniques qui le composent. Autrement dit, si l'on peut identifier des effets biologiques et/ou cognitifs transmissibles dans les familles de patients schizophrènes, les effets apparents d'un gène donné pourraient être beaucoup mieux corrélés à ce type de phénotypes intermédiaires qu'à celui de la catégorie diagnostique, y compris lorsqu'on étend le phénotype au spectre tout entier. Weinberger *et al.* (2001) ont schématisé cette conception sur la *figure 1*. À un niveau basal, l'expression phénotypique est sous la dépendance de divers gènes de vulnérabilité qui combinent leurs effets de manière variable et interagissent avec l'environnement qui contribue à moduler leurs effets, et donc affecte aussi en définitive le niveau syndromique. À un niveau intermédiaire, les gènes de vulnérabilité sont plus directement à la base de traits endophénotypiques, insuffisants en eux-mêmes pour porter le diagnostic catégoriel de schizophrénie mais présents dans telle ou telle dimension clinique. Enfin, des gènes modificateurs, en particulier des gènes liés au sexe mais aussi des gènes liés au tempérament par exemple, accroissent encore la variabilité du phénotype syndromique en interagissant avec les précédents facteurs, ce qui a pour conséquence une accentuation ou au contraire une atténuation du phénotype lorsqu'il s'agit de gènes protecteurs.

Les perturbations cognitives exprimées à la fois par les patients schizophrènes et leurs apparentés constituent de tels marqueurs endophénotypiques génétiquement transmis et pouvant dépendre d'un nombre relativement réduit de gènes. Le degré de corrélation entre les divers déficits cognitifs apparaissant faible, ceci suggère que chacun d'entre eux relève de

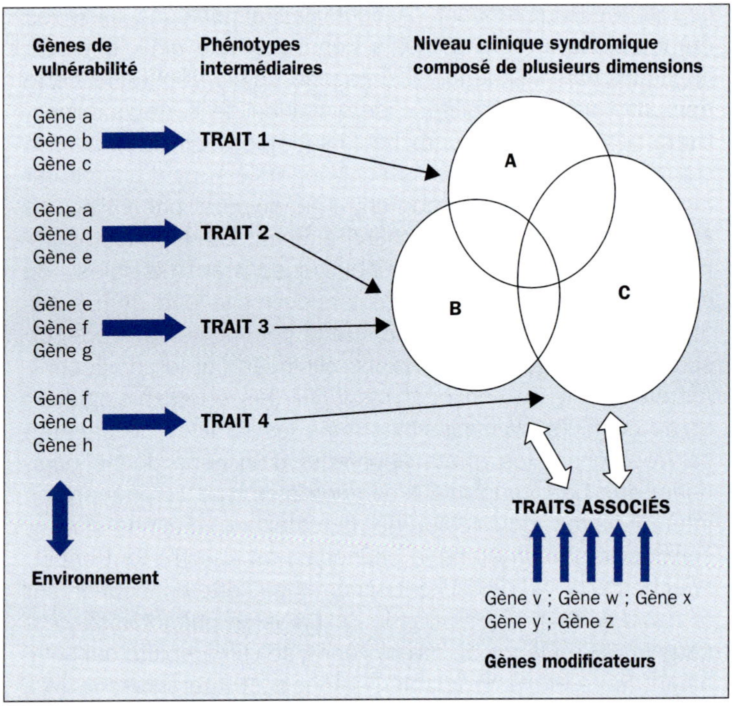

Figure 1. Schématisation d'un trouble génétique complexe (d'après Weinberger *et al.*, 2001).

facteurs génétiques relativement indépendants (Egan *et al.*, 2001 ; Krabbendam *et al.*, 2001). Au vu de ces caractéristiques, l'utilisation d'endophénotypes cognitifs dans les études génétiques moléculaires pourrait donc s'avérer payante pour identifier des gènes. Cette démarche est illustrée par une association récemment observée entre l'une des deux formes alléliques du gène COMT (plus fréquemment exprimée chez les patients schizophrènes) et des perturbations cognitives préfrontales qui sont plus sévères en cas d'homozygotie (Weinberger *et al.*, 2001).

Dans le même sens, plusieurs perturbations neurophysiologiques exprimées par les patients schizophrènes sont également retrouvées chez leurs apparentés, d'autant plus fréquemment que ces derniers présentent des traits de schizotypie ou les critères de schizotaxie. À ce jour, quelques travaux fondés sur cette approche ont pointé le rôle possible de certains gènes en relation avec les anomalies de l'onde P50 (potentiels évoqués auditifs) ou des mouvements oculaires lents de poursuite. Cet aperçu de l'intérêt des endophénotypes n'est pas limitatif.

Pour se borner à un dernier exemple, seules certaines des anomalies cérébrales structurelles observées chez les patients schizophrènes sont également rencontrées chez leurs apparentés non psychotiques. C'est le cas des réductions de volume du complexe amygdalo-hippocampique, alors que la réduction de volume des structures corticales semble plutôt associée au phénotype « schizophrénie ». Cette relation entre la vulnérabilité génétique et les anomalies du complexe amygdalo-hippocampique vient d'être confirmée par une récente étude de jumeaux (Narr *et al.*, 2002). Ainsi, seules les anomalies neurologiques partagées constituent des endophénotypes génétiquement transmis, les autres anomalies cérébrales relevant plutôt de l'impact environnemental (Lawrie *et al.*, 2001 ; Steel *et al.*, 2002). Là encore, des études basées sur ce phénotype radiologique pourraient rendre l'identification de gènes plus facile que les études basées sur le phénotype catégoriel de schizophrénie qui est, à l'évidence, beaucoup plus complexe.

CONCLUSION ET PERSPECTIVES

Le progrès du décryptage du génome, la mise en évidence de nombreux polymorphismes et l'automatisation des méthodes d'étude de l'ADN autorisant l'étude de milliers de marqueurs sur des milliers d'échantillons, sont aujourd'hui des réalités qui peuvent nous faire espérer prochainement une meilleure connaissance des mécanismes génétiques sous-jacents à la schizophrénie. Ceci n'est toutefois pas suffisant et une collaboration étroite entre généticiens, épidémiologistes, cliniciens, cognitivistes et neurophysiologistes apparaît comme indispensable pour identifier des gènes à effet mineur. Cette collaboration permet, dès à présent, de simplifier le phénotype étudié en recourant à une approche clinique dimensionnelle et à des endophénotypes neurophysiologiques et neurocognitifs, ce qui a pour effet de réduire le nombre de gènes impliqués et, par conséquent, de faciliter l'identification de ces gènes.

Par ailleurs, une analyse détaillée des gènes dont l'expression varie en fonction des conditions environnementales pourrait élargir la liste des gènes candidats. Des études de la régulation épigénétique de ces gènes candidats devraient s'ajouter aux habituelles approches basées sur les variations de la séquence de l'ADN.

POUR EN SAVOIR PLUS

- Malaspina D. Paternal factors and schizophrenia risk : *de novo* mutations and imprinting. *Schizophr Bull* 2001 ; 27 (3) : 379-93.
- Jablenski A. Epidemiology of schizophrenia : the global burden of disease and disability. *Eur Arch Psychiatr Clin Neurosci* 2000 ; 250 (6) : 274-85.
- Haukka J, Suvisaari J, Varilo T *et al.* Regional variation in the incidence of schizophrenia in Finland : a study of birth cohorts born from 1950 to 1969. *Psychol Med* 2001 ; 31 (6) : 1045-53.
- Gottesman I, Shields J. *Schizophrenia : the epigenetic puzzle.* Gottesman I, Shields J, eds. Cambridge : Cambridge University Press, 1982.
- Maier W, Lichtermann D, Franke P *et al.* The dichotomy of schizophrenia and affective disorders in extended pedigrees. *Schizophr Res* 2002 ; 57 (2-3) : 259-66.
- Gottesman I, Bertelsen A. Confirming unexpressed genotypes for schizophrenia. *Arch Gen Psychiatry* 1989 ; 46 : 867-72.
- Weinberger DR, Egan MF, Bertolino A *et al.* Prefrontal neurons and the genetics of schizophrenia. *Biol Psychiatry* 2001 ; 50 : 825-44.

Stratégies d'étude dans les maladies à hérédité complexe

Le génome humain est à présent séquencé. Il est constitué de 30 000 à 40 000 gènes contenant chacun l'information nécessaire à la synthèse d'une protéine (ou d'un groupe de protéines étroitement apparentées). L'un des principaux enseignements tiré de la connaissance de ces séquences nucléotidiques est la confirmation d'une diversité génétique très importante entre les individus de notre espèce. Il existe pour pratiquement tous les gènes connus de nombreuses variations nucléotidiques interindividuelles, que ce soit dans les régions directement codantes (c'est-à-dire permettant, *via* leur transcription en ARNm, la synthèse d'une protéine) ou dans les régions régulatrices responsables, entre autres, de la détermination du taux d'expression du gène considéré.

La génétique, science fondée il y a plus d'un siècle par Grégor Mendel, a pour but d'établir des corrélations entre la présence de ces variations nucléotidiques (les génotypes) et celle de traits biologiques plus ou moins complexes également soumis à variations (les phénotypes). Pour identifier les gènes impliqués dans le déterminisme d'un trait biologique, les généticiens disposent essentiellement de deux méthodes d'analyse : les études de liaison génétique et les études d'association allélique :

– les *études de liaison* établissent une relation entre la présence d'une caractéristique phénotypique et la transmission de certaines régions chromosomiques au sein de familles ;

– les *études d'association* comparent la fréquence d'une variation nucléotidique sur l'ADN entre deux groupes de sujets non apparentés, l'un exprimant le trait biologique en cause, et l'autre non.

L'utilisation conjointe de ces méthodes a conduit à des succès spectaculaires, chaque fois que le déterminisme du trait obéissait aux lois de Mendel (on parle alors de trait mendélien), c'est-à-dire lorsque la présence d'une variation sur *un seul gène* était *nécessaire et suffisante* pour faire apparaître la variation phénotypique étudiée. Notons que les traits étudiés sont alors typiquement des traits binaires, qu'il s'agisse de couleur des pois de Mendel ou de la présence ou de l'absence d'une maladie génétique. À l'inverse, lorsque le déterminisme du trait est complexe (c'est-à-dire lorsque de nombreux gènes et des facteurs non génétiques combinent leurs effets pour déterminer la présence du trait) ces méthodes ont le plus souvent été tenues en échec. En outre, ces traits complexes, à la différence des traits mendéliens, sont le plus souvent des traits quantitatifs, ce qui signifie que la variation phénotypique observée dans la population est continue au lieu d'être analysable en termes de classes dichotomiques.

Si certaines maladies humaines sont clairement soumises à un déterminisme mendélien simple, de très nombreuses pathologies, telles les maladies cardio-vasculaires, le diabète, les maladies inflammatoires ou les maladies neuro-psychiatriques, sont multifactorielles. Dans ces maladies, la récurrence chez les apparentés d'un patient est en général assez faible et ne suit pas les proportions attendues selon les lois de Mendel. Ces maladies à hérédité complexe impliquent le plus souvent la présence simultanée chez un même individu de plusieurs variations génétiques, affectant des gènes différents, et ayant chacune un effet modeste. Chacun de ces variants génétiques, considéré isolément, n'est *ni indispensable ni suffisant* pour entraîner la maladie. Au contraire, celle-ci n'apparaît que lorsqu'un certain « seuil » de susceptibilité est dépassé et ce seuil, dans un modèle de portée très générale, peut être atteint par l'action conjointe de facteurs génétiques (résultant de diverses combinaisons alléliques entre différents loci) et de facteurs environnementaux. Dans un tel cadre, la fréquence de chaque allèle conférant un risque pour la maladie peut donc ne s'avérer que très légèrement augmentée dans un groupe de malades comparé à un groupe de témoins. De plus, lorsque l'on considère la coségrégation de cet allèle particulier et de la maladie au sein d'une généalogie, la situation est très différente de celle constatée dans le cadre d'une maladie mendélienne. Alors que, dans ce dernier cas, la coségrégation entre le génotype pathologique et la maladie est parfaite *(figure 1A)*, il n'en va pas de même pour ce qui concerne les facteurs de risque. Il existe, d'une part, des individus portant le génotype « à risque » au locus considéré, et non atteints (ceci correspond au concept de *pénétrance incomplète* de ce génotype) et, d'autre part, des individus non porteurs de ce génotype qui sont atteints (il s'agit alors de *phénocopies*).

En conséquence, pour un gène donné, la correspondance génotype/phénotype est, dans le cas des maladies à hérédité complexe, très mauvaise *(figures 1B et 2)*. Faut-il, dès lors, s'étonner que si peu de facteurs de risque génétique aient été caractérisés, par comparaison avec l'extraordinaire moisson de mutants rares identifiés dans les maladies mendéliennes ? Comme on peut le constater dans le *tableau I*, les maladies où des facteurs de risque génétique ont été reconnus avec certitude sont encore fort rares.

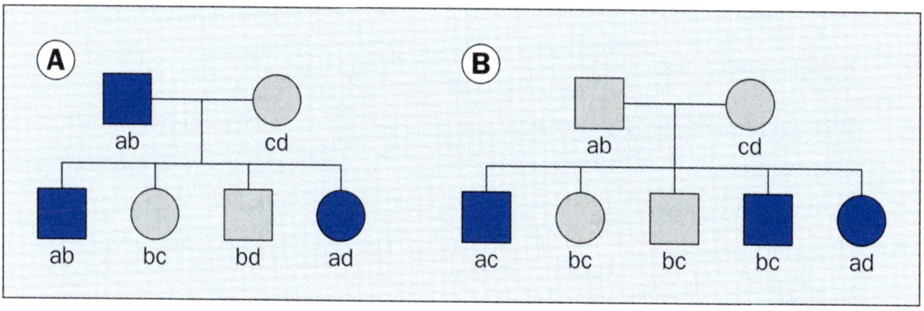

Figure 1. Maladie mendélienne et agrégation familiale due à des facteurs de risque. **A.** Transmission autosomique dominante d'une mutation rare (allèle a). **B.** Ségrégation d'un facteur de risque (allèle a), le père transmetteur n'est pas atteint (pénétrance incomplète), le fils ayant un génotype bc est atteint (phénocopie).

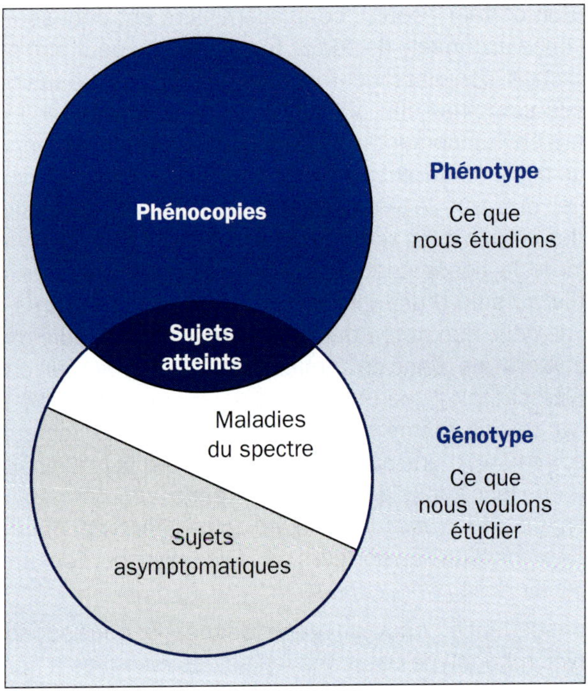

Figure 2. Non-concordance entre phénotype et génotype dans le cas d'un facteur de risque génétique.

TABLEAU I. QUELQUES FACTEURS DE RISQUE GÉNÉTIQUE

Maladies	Gènes
Maladie d'Alzheimer	Apoliprotéine E
Hypertension artérielle	Angiotensinogène
Diabète insulinodépendant	Insuline HLA
Diabète non insulinodépendant	Calpaïne 10
Emphysème	Alpha 1 antitrypsine
Thrombose veineuse	Facteur V Leiden
Hypertriglycéridémie	Lipoprotéine lipase
Sclérose en plaques	HLA
Polyarthrite rhumatoïde	HLA
Spondylarthrite ankylosante	HLA
Maladie cœliaque	HLA

DES MÉTHODES MAL ADAPTÉES

Pour mieux comprendre les causes de ces difficultés, nous devons examiner plus en détail les caractéristiques et les limites des méthodes d'analyse utilisées.

ÉTUDES DE LIAISON

On distingue deux types d'analyse de liaison génétique, selon leur caractère « modèle-dépendant » ou non.

- **Méthode des lod-scores**

C'est une méthode « modèle-dépendant » qui a permis la localisation chromosomique du plus grand nombre des gènes impliqués dans des maladies mendéliennes. Fondamentalement, elle revient à compter, au sein d'une famille comportant plusieurs sujets schizophrènes, le nombre de gamètes ayant fait l'objet d'une recombinaison entre un locus maladie (lieu inconnu où est localisé le gène morbide) et un locus marqueur (lieu connu où est localisée une variation nucléotidique), à estimer le taux de recombinaison entre ces loci, et à tester s'il est inférieur à 50 % (hypothèse nulle). Si tel est le cas, cela signifie que les deux loci sont portés par un même segment de chromosome, et qu'ils sont d'autant plus proches que le taux de recombinaison est faible *(figure 3)*.

En disposant d'environ 300 marqueurs régulièrement espacés sur les chromosomes, il est possible de lier la ségrégation de n'importe quelle maladie mendélienne à celle de l'un de ces marqueurs, et donc de localiser le gène pathologique sur un segment chromosomique. Les résultats sont exprimés en logarithme du rapport de deux probabilités, celle de l'observation réalisée sous l'hypothèse de la liaison, divisée par la probabilité de l'observation sous l'hypothèse nulle de l'absence de liaison. Un Lod-score de 3 est le critère retenu : il signifie que l'hypothèse de la liaison est 1 000 fois plus probable que l'hypothèse de l'absence de liaison.

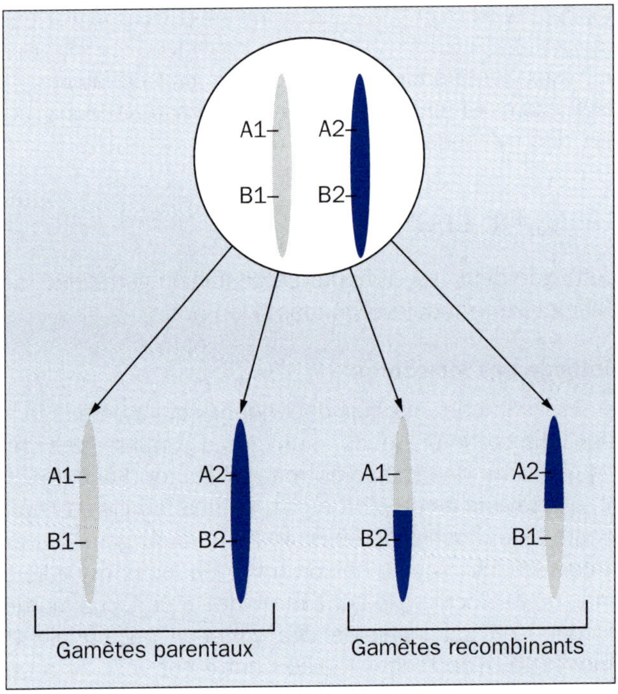

Figure 3. La recombinaison génétique : un organisme dont une paire de chromosomes porte l'un les marqueurs A1 B1 et l'autre A2 B2 peut produire quatre types de gamètes différents : deux gamètes parentaux et deux gamètes recombinants. Plus les marqueurs sont éloignés l'un de l'autre, plus la fréquence des gamètes recombinants s'accroît.

Un Lod-score de -2 permet de rejeter la liaison en considérant que cette hypothèse est 100 fois moins probable que l'hypothèse concurrente. Cette méthode est dite « modèle-dépendante », car elle requiert la connaissance du mode de transmission de la maladie et la spécification de paramètres concernant cette transmission (fréquence de l'allèle pathologique, pénétrance des divers génotypes). Lorsque ces paramètres sont spécifiés de manière incorrecte, la conséquence est la *perte de puissance pour détecter une liaison existante.*

La méconnaissance de ces paramètres, dans le cas des maladies à hérédité complexe, conduit généralement à *multiplier les modèles et le nombre de tests réalisés*, ce qui a pour conséquence la détection de liaisons inexistantes, du seul fait du hasard. Cette méthode est donc particulièrement inadaptée dans le contexte qui nous intéresse, puisqu'elle génère d'une part des faux négatifs, liés à la mauvaise spécification des paramètres génétiques, et d'autre part des faux positifs liés aux tests multiples.

- **Méthode des paires de germains**

La méthode des paires de germains (ou frères et sœurs) atteints *(affected sib pairs)* est une méthode d'analyse de liaison génétique « indépendante du modèle ». Son but est de montrer que la transmission d'un segment chromosomique, au sein de paires de sujets atteints provenant de fratries, n'est pas compatible avec une ségrégation aléatoire, mais qu'au contraire ces sujets héritent, plus souvent que ne voudrait le hasard, d'un même segment chromosomique parental. Pour un locus marqueur donné, elle cherche à estimer, au sein de paires de patients, la proportion d'allèles identiques par descendance (*identical by descent*, IBD), c'est-à-dire provenant d'un même allèle parental. Si le marqueur ségrège indépendamment de la maladie, la proportion de paires de germains atteints partageant 0,1 ou 2 allèles IBD à un locus marqueur est respectivement 1/4, 1/2, 1/4. Si ce locus marqueur est lié au locus maladie, deux frères atteints partageront plus de 50 % d'allèles IBD.

Cette méthode est dite « modèle-indépendant » car le test ne requiert pas la spécification *a priori* d'un modèle de transmission. Cependant, la *puissance* de la méthode pour détecter une liaison dépend, elle, du modèle sous-jacent. Puisque cette méthode est basée sur l'étude de sujets atteints, elle s'affranchit du problème posé par les pénétrances incomplètes. Par contre, la présence de phénocopies est susceptible d'interférer avec la détection de la liaison. Ce facteur est peu important lorsque l'on étudie une maladie due à la présence d'un allèle mutant rare ; il peut devenir très gênant lorsque l'allèle impliqué sur le gène étudié est un allèle fréquent, contribuant faiblement à la susceptibilité dans un cadre multigénique. La puissance de la méthode des paires de germains pour détecter la liaison entre une maladie et un locus de susceptibilité dépend de la contribution propre de ce locus à l'augmentation du risque chez ces apparentés, par comparaison avec la prévalence de la maladie dans la population générale *(sibling recurrence risk ratio* λs*)*. De façon générale, cette méthode est peu puissante ; elle requiert, pour des $\lambda s < 1{,}5$ (ce qui correspond le plus souvent aux valeurs attendues pour les facteurs de risque qui nous intéressent), des effectifs considérables pour détecter une liaison. Ainsi, il a été calculé que la mise en évidence par cette méthode du locus de l'*Apolipoprotéine E* (APOE), comme facteur de risque dans la maladie d'Alzheimer ($\lambda s = 2$), nécessiterait un effectif compris entre 500 et 750 paires de germains. Notons que, en revanche, l'identification du facteur de risque APOE 4 est généralement possible à partir de 50 malades et de 50 témoins lors d'une étude d'association.

Enfin, la méthode des paires de germains est connue pour son imprécision dans la localisation fine du gène d'intérêt. À titre d'exemple, la mise en évidence récente d'un nouveau facteur de risque putatif pour la maladie d'Alzheimer, dans une étude qui a nécessité plus de 400 paires, a abouti à une localisation sur une zone de 50 millions de paires de bases sur le bras long du chromosome 10. Une telle région contient une centaine de gènes.

ÉTUDES D'ASSOCIATION ALLÉLIQUE

Les limites inhérentes à l'analyse de liaison dans la recherche des facteurs de risque génétique amènent de plus en plus à promouvoir des stratégies alternatives. La recherche d'une association allélique entre un marqueur génétique et une maladie est alors préconisée. Le principe de telles études est fort simple : considérons une variation nucléotidique présente au niveau du génome. L'allèle A1 est dit associé à une maladie s'il est présent plus fréquemment parmi des malades non apparentés que parmi des sujets témoins. Pour qu'une telle étude soit valide, témoins et malades doivent provenir d'une population issue d'une même origine géographique et, idéalement, résulter d'unions aléatoires. Ces facteurs sont très difficiles à contrôler et un biais potentiel est la non-comparabilité des témoins et des malades : dans ce cas, l'association retrouvée lors d'une étude cas/témoins relève uniquement d'un *effet de stratification*, c'est-à-dire d'une différence de fréquence allélique au locus considéré entre la population d'où proviennent les malades et celle d'où proviennent les témoins. À titre d'exemples, l'allèle dit « à 4 répétitions » fréquemment étudié au niveau du gène du récepteur dopaminergique D4 voit sa fréquence varier de 16 à 96 % selon les populations ; le polymorphisme Taq 1 du récepteur D2 voit sa fréquence doublée chez les Africains et quadruplée chez les Indiens par rapport aux Américains caucasiens.

Il est possible de s'affranchir de ce problème en choisissant des témoins *au sein même des familles* des malades. C'est le principe du *Transmission Disequilibrium Test* (TDT), dans lequel un allèle transmis par un parent à un enfant atteint est apparié avec le second allèle non transmis par ce parent. La robustesse du TDT vis-à-vis des biais de stratification se paie toutefois par une diminution de la puissance à détecter l'association (pour revue, Spielman et Ervens, 1998). Enfin, quel que soit le test utilisé, la question des *faux positifs générés par les tests multiples* demeure : tester *n* loci avec *k* allèles revient à réaliser environ n(k-1) tests indépendants et la signification de chaque test doit, en toute rigueur, être divisée par ce facteur (correction de Bonferroni). Par exemple, une valeur de signification nominale de $p = 0,0005$ est requise pour atteindre un simple taux de 5 % de faux positifs lorsque l'on teste indépendamment 100 polymorphismes bialléliques localisés sur des gènes différents.

ASSOCIATION ALLÉLIQUE ET DÉSÉQUILIBRE DE LIAISON

Une association allélique positive a deux significations possibles : soit l'allèle A1 (associé) constitue directement un *facteur causal* pour la maladie, et dans ce cas l'association sera le plus souvent retrouvée dans l'ensemble des populations étudiées, quelle que soit leur origine ethnique (il peut toutefois exister des exceptions à cette règle), soit cet allèle A1 ne joue en lui-même aucun rôle causal, mais se trouve en *déséquilibre de liaison* (DL) avec l'allèle causal B1 localisé sur un autre locus. Un déséquilibre de liaison entre deux allèles situés à des loci différents s'observe chaque fois que la fréquence des gamètes porteurs de ces deux allèles diffère de celle résultant du simple produit de leurs fréquences alléliques. Il existe plusieurs mécanismes susceptibles de produire un DL, l'un d'entre eux (celui qui nous intéresse présentement) est fondé sur la *proximité physique* des deux loci sur un même chromosome. Dans ce dernier cas, l'existence du DL s'interprète par le fait que, *dans la population considérée*, la plupart des individus portant « l'allèle à risque » B1 portent également l'allèle A1 sur un même segment chromosomique et que ce « déséquilibre gamétique » se maintient au fil des générations, en dépit des recombinaisons et des nouvelles mutations. Ce sont des facteurs complexes, dépendant de la taille et de l'histoire propre de la population étudiée, qui fixent l'étendue du DL entre des loci physiquement proches.

Les études d'association, malgré leurs nombreuses limites, sont certainement une approche utile pour aborder l'étude des facteurs de risque génétique. Au regard de la très faible distance physique au niveau de laquelle un DL est susceptible de perdurer au fil des générations sur la molécule d'ADN, on considérait classiquement qu'elles ne s'appliquaient qu'à de petites régions chromosomiques contenant des « gènes candidats », et non dans le cadre d'un criblage systématique du génome, ce qui évidemment limitait d'autant leur emploi. Cette restriction fait actuellement l'objet d'une controverse sur laquelle nous reviendrons ultérieurement.

UNE DÉCENNIE DE CONFUSION

Considérant ces difficultés méthodologiques, on ne s'étonnera guère que la moisson de résultats, pour ce qui concerne les facteurs de risque intervenant dans les pathologies multifactorielles, ait été particulièrement maigre ces dernières années. Elle semble sans commune mesure avec les très gros efforts consentis, particulièrement dans le cadre des pathologies neuro-psychiatriques. Dans le cas de la schizophrénie, les études de liaison ont généré une confusion totale : il n'est plus aujourd'hui de région de génome dans laquelle « une liaison suggestive » n'ait été publiée. Les revues spécialisées sont encombrées des indigestes compilations de ces travaux, pour lesquels il s'avère très difficile de trier le bon grain (s'il en existe) de l'ivraie (Pulver, 2000).

QU'ATTENDRE DES SNP ?

L'engouement pour les analyses de liaison génétique s'était accompagné de l'utilisation privilégiée d'une classe particulière de marqueurs génétiques, les microsatellites, dont la forte variation allélique garantissait un taux d'hétérozygotie maximum. L'accent actuel mis sur les études d'association déplace l'intérêt sur les marqueurs bialléliques, rebaptisés *Single Nucleotide Polymorphisms* (SNP). De telles variations sont extrêmement fréquentes au sein du génome, à la fois dans les régions codantes et non codantes (pour revue, Gray *et al.*, 2000). Une étude récente en a identifié 560 au niveau d'une centaine de gènes candidats pour des maladies cardiovasculaires, endocrinologiques ou neuro-psychiatriques (dont les deux tiers dans les régions codantes, et le tiers restant au niveau des régions régulatrices).

Les technologies à haut débit actuellement disponibles rendent possible le génotypage d'un grand nombre de SNP différents sur de larges populations, ce qui a conduit à la suggestion d'utiliser des SNP espacés tous les 6 kilobases (distance censée représenter la « zone minimale de DL stable entre deux marqueurs » au sein de la population humaine) pour *rechercher systématiquement des marqueurs associés à des pathologies par DL*. Ceci requiert de typer 500 000 SNP différents au cours d'un criblage génomique. En dépit de son caractère pharaonique, ce projet a reçu un accueil enthousiaste, malgré certaines mises en garde. Il a notamment été objecté qu'une telle stratégie se heurterait (outre sa lourdeur technologique) à des difficultés redoutables qui tiennent à la grande hétérogénéité du DL au sein du génome et à sa non-linéarité en fonction de la distance entre marqueurs.

Mais l'essentiel n'est pas là. À supposer ces problèmes résolus, il est clair que ce type d'analyse conduira de toute façon à réaliser une *masse énorme de tests*, qu'il faudra absolument *corriger*. Le parti pris d'utiliser des critères « lâches » pour corriger les tests multiples dans le cadre des analyses de liaison a conduit à générer une masse ingérable de faux positifs. Que ferons-nous demain avec 1 000 ou 2 000 SNP supposés se trouver « en association » avec la maladie ? D'un autre côté, l'utilisation de critères restrictifs (correction de Bonferroni) pour juger de la pertinence d'un résultat risque fort de s'avérer trop brutale et, à l'inverse, de produire des faux négatifs. Enfin, le critère de réplication sera particulièrement difficile à obtenir puisque le DL est un phénomène hautement dépendant de la population étudiée. Dans ces conditions, il est plus que probable qu'en dépit de l'énorme effort envisagé, la recherche d'associations alléliques au moyen de variations localisées aléatoirement dans le génome conduira au même fiasco que les tentatives de criblage systématique par liaison génétique. On ne résout pas un problème qui est fondamentalement d'ordre méthodologique par la seule inflation technologique.

Il est permis de penser que les études d'association utilisant les SNPs ne donneront des résultats appréciables que si elles sont appliquées à des « gènes candidats ». Si nous voulons progresser, nous devons donc impérativement élaborer des stratégies adaptées pour caractériser ces gènes.

DES GÈNES CANDIDATS

L'utilisation des informations issues de la physiopathologie et particulièrement de la pharmacologie est bien sûr un moyen privilégié de définir des gènes candidats. Dans le cas de la schizophrénie, cette approche désignait le système de neurotransmission dopaminergique comme une cible prioritaire. L'ensemble des composants de ce système (enzymes de synthèse et de dégradation de la dopamine, transporteur synaptique, récepteurs) a fait l'objet d'une attention soutenue, sans qu'une association faisant l'objet d'un consensus n'émerge de ces travaux contradictoires. Un polymorphisme modifiant une Serine en Glycine en position 9 au niveau du gène du récepteur dopaminergique D3 a par exemple été étudié dans près de 40 études cas/témoins impliquant plusieurs milliers de sujets sans qu'une conclusion définitive ne puisse être tirée (notons à ce propos que ces tests sont réalisés en regroupant généralement les deux génotypes homozygotes Ser-Ser et Gly Gly *versus* le génotype hétérozygote Ser-Gly, classification pour le moins étrange du point de vue biologique). Si toutefois les gènes codant pour les protéines régulant la transmission dopaminergique sont impliqués dans le déterminisme de la schizophrénie, leur effet est alors modeste.

Récemment, en conséquence des hypothèses neurodéveloppementales de la schizophrénie, d'autres classes de gènes impliqués dans la structuration du cortex cérébral (tel *Notch*, codant pour une protéine impliquée dans une voie de signalisation très utilisée au cours de l'embryogénèse, ou au cours de phénomènes de plasticité neuronale) ont été étudiées, là aussi avec des résultats divergents.

PROFILS D'EXPRESSION : UN REMÈDE MIRACLE ?

L'une des retombées du séquençage du génome a été la constitution de banques d'ADN contenant des fragments de séquence nucléotidique de la grande majorité des gènes humains. Chacun de ces fragments appelés EST *(Expressed Sequence Tag)* peut être reproduit sous forme de molécule d'ADN simple brin et fixé sur un support approprié. Une seule plaque de verre de quelques dizaines de centimètres de longueur est susceptible de contenir des milliers de spots de ce genre (« puce à ADN »). Il est possible d'extraire, à partir d'un prélèvement *post-mortem*, l'ensemble des ARNm exprimés dans un tissu, de transformer ces ARN en ADN simples brins complémentaires des brins fixés sur la puce, en prenant soin de fixer à chacune de ces molécules un marqueur fluorescent. Si nous versons une telle solution sur la plaque, chaque fois que deux brins d'ADN complémentaires vont être en présence, ils vont s'hybrider pour reformer un ADN double brin. Après lavage, en mesurant l'intensité de la fluorescence fixée au niveau de chaque spot, il est possible de quantifier l'abondance de chaque ARN transcrit dans le tissu étudié. On peut procéder de façon plus astucieuse, en marquant les ARNm issus d'un malade, et d'un sujet témoin apparié, avec deux couleurs différentes, jaune et bleu par exemple et en mélangeant ces échantillons. Dans ce cas, tous les transcrits exprimés de façon égale entre malade et témoin apparaîtront en vert, alors que ceux qui sont sous- ou, au contraire sur-exprimés chez les malades, apparaîtront respectivement en bleu ou en jaune.

Une première étude utilisant cette technologie a été publiée en 2000 (Mirnics *et al.*). Les profils d'expression au niveau du cortex préfrontal ont été comparés entre six schizophrènes et six témoins. Sept milles gènes regroupés en 250 familles ont été analysés. Sur ce nombre 2,6 % ont été considérés comme sur-exprimés chez les malades, et 2,2 % ont montré un déficit d'expression. Ces variations étaient modestes et ne dépassaient pas un facteur 2. La famille de gènes dont le comportement était le plus homogène correspondait à un groupe d'une soixantaine de gènes impliqués dans la régulation du fonctionnement présynaptique. Parmi ces gènes, environ un tiers étaient sous-exprimés chez les malades.

L'accès à ce type d'information est bien sûr fascinant, mais qu'en tirer ? Au-delà des difficultés techniques liées à l'utilisation de cette méthode (effet du traitement psychotrope sur les taux d'expression, délais *post-mortem* pour l'extraction des ARNs, etc.), d'autres questions plus fondamentales se posent. En effet, la plupart des variations constatées ne correspondent probablement pas à des *phénomènes causaux* mais à des *réponses adaptatives* plus ou moins spécifiques au niveau du tissu cérébral. À l'inverse, certaines altérations génétiques ayant un rôle causal dans la physiopathologie n'ont probablement pas de conséquence en termes de niveau d'expression du gène considéré. L'utilisation des profils d'expression pour définir des gènes candidats est donc loin de constituer la panacée que certains espéraient.

DU COMPLEXE AU SIMPLE : LES SOUS-ENTITÉS MENDÉLIENNES

Ces dernières années, la mise en évidence dans de nombreuses maladies à hérédité complexe *(tableau II)* de sous-entités mendéliennes (c'est-à-dire de familles, souvent rarissimes, au sein desquelles la maladie se transmet selon

TABLEAU II. SOUS-ENTITÉS MENDÉLIENNES AU SEIN DE PATHOLOGIES À HÉRÉDITÉ COMPLEXE

Pathologie	Fréquence de la sous-entité mendélienne	Hétérogénéité génétique	
DNID	5 %	MODY 1 MODY 2 MODY 3 MODY 4	HNF-4 alpha Glucokinase HNF-1 alpha IPF-1
Hypercholestérolémie	4 %	Récepteur LDL Apolipoprotéine B FH 3 (1p32)	
Cancer du sein	8 %	BRCA 1 BRCA 2	
Maladie d'Alzheimer	2 ‰	APP Préséniline 1 Préséniline 2	
Maladie de Parkinson	?	Alpha synucléine Parkine UCH-L1	
Démence fronto-temporale	?	Tau ?	
Sclérose latérale amyotrophique	10 %	SOD-1 ?	

MODY : *Maturity Onset Diabetes of Young* ; DNID : diabète non insulinodépendant ; HNF : *Hepatocyte Nuclear Factor* ; IPF : *Insulin Promoter Factor* ; BRCA : *Breast Cancer* ; APP : *Amyloid Precursor Protein* ; FH3 : locus 3 de l'hypercholestérolémie familiale, gène encore inconnu ; SOD : superoxyde dismutase ; UCH-L1 : ubiquitine carboxy-terminal hydroxylase L1.

les lois de Mendel) s'est révélée un moyen puissant pour mieux comprendre le déterminisme multigénique des formes courantes. Quel est donc le rapport entre ces différentes formes d'une même maladie ?

Pendant longtemps, il a été admis plus ou moins implicitement que maladies mendéliennes et multigéniques concernaient *deux types de caractères biologiques* radicalement différents : il existerait des traits phénotypiques qui seraient sous déterminisme strictement monogénique, alors que d'autres seraient multigéniques. En fait, même au niveau le plus élémentaire, considérer que l'information contenue dans un gène *suffit* à contrôler la production d'une protéine dans l'organisme constitue déjà une simplification abusive. Dès que l'on quitte le niveau protéique pour s'intéresser à des phénotypes plus intégrés en termes de fonctionnement cellulaire, le déterminisme strictement monogénique d'un caractère biologique a encore moins de sens. Les gènes mutés dans les maladies mendéliennes n'agissent pas de façon « isolée » au sein du génome, ils ne gouvernent pas *à eux seuls* les traits phénotypiques élaborés qui sont perturbés lorsque ces gènes sont altérés. En réalité, ils exercent leur effet phénotypique « normal » au sein de *voies biologiques* et contribuent à ce titre à l'expression de caractères biologiques *quantitatifs*, dont le déterminisme ultime est multigénique.

MUTATIONS ET POLYMORPHISMES

L'apparition dans une famille d'une maladie « monogénique », c'est-à-dire d'une variation phénotypique *qualitative* due à la mutation d'un seul gène, signe la survenue d'une perturbation majeure *au niveau de l'un des chaînons* d'une telle voie biologique. Les mutations à l'origine de maladies mendéliennes, qu'elles soient transmises de façon récessive ou dominante, ont toujours de profondes *conséquences fonctionnelles*, mesurables en termes de perte ou de gain de fonction pour la protéine considérée.

Au contraire, les variations phénotypiques à déterminisme multigénique, que l'on observe couramment au sein des populations, ne résultent pas d'altérations fonctionnelles aussi sévères au niveau des gènes impliqués. Elles sont le fait, non de *mutations* délétères, mais de *polymorphismes* de l'ADN, qui modifient légèrement les propriétés des gènes, sans vraiment altérer leur fonction.

SEUIL PATHOLOGIQUE ET VOIE BIOLOGIQUE

L'accumulation de petits effets sur une voie biologique se traduit par une variation phénotypique *quantitative*, généralement *non pathogène*. Pour que ces petites variations *continues* parviennent à produire des différences phénotypiques *qualitatives* (des maladies), il faut de nouveau faire appel à la notion de seuil pathologique, à partir duquel le quantitatif devient qualitatif. Dans de nombreux cas, ce seuil n'est atteint que lorsque *plusieurs facteurs de risque* situés sur une même voie biologique sont *simultanément* présents chez un individu. L'expérience montre que, malgré la présence d'un polymorphisme génétique très important au sein de la population, l'intégrité des voies biologiques est en définitive rarement compromise par ces variations.

MALADIES MONOGÉNIQUES ET MULTIGÉNIQUES : UN CONTINUUM

Plus on connaît dans le détail les conséquences des variations de l'ADN, plus il s'avère qu'entre le polymorphisme « innocent » et la mutation délétère qui provoque une maladie mendélienne en altérant irrémédiablement une voie biologique, il existe en fait un *continuum de variations génétiques* responsables de toute une gamme de phénotypes plus ou moins pathologiques. Ce sont maintenant des critères *quantitatifs* qui sont utilisés pour apprécier les relations phénotype/génotype dans le cadre des maladies mendéliennes.

Ainsi, il est proposé de définir des « seuils critiques » au-delà desquels la fonction de la protéine mutante échappe à toute possibilité de contrôle par les autres variables biologiques avec lesquelles elle interagit. Ces cas, relativement rares, sont ceux du mendélisme strict, où la présence de la mutation est la condition *nécessaire et suffisante* pour faire apparaître le trait morbide. En deçà de ce seuil, se profile la cohorte sans cesse croissante des maladies « monogéniques » caractérisées par des pénétrances incomplètes et des expressivités variables. Dans ces cas, l'effet biologique résultant de la présence de protéines mutantes est partiellement sensible à l'action régulatrice d'autres facteurs génétiques et/ou à celle de facteurs environnementaux. Plus le rôle de ces facteurs « modificateurs » s'affirme, plus on glisse doucement de la maladie « monogénique » à la maladie « multigénique », plus les traits mendéliens deviennent eux-mêmes des traits complexes.

HÉTÉROGÉNÉITÉ GÉNÉTIQUE DES MALADIES MENDÉLIENNES

Si les maladies mendéliennes (et les sous-entités mendéliennes, dans le cadre des maladies à hérédité complexe) sont généralement *hétérogènes* génétiquement, c'est parce qu'il existe de très nombreux gènes au sein d'une voie biologique, dont la *mutation isolée* est *suffisante* pour déréguler l'*ensemble* de cette voie. Toutes ces altérations, impliquant des gènes différents, seront finalement responsables de phénotypes morbides semblables. On dénombre, par exemple, plus d'une vingtaine de gènes responsables de rétinite pigmentaire, maladie caractérisée par une dégénérescence des cellules photoréceptrices de la rétine. Certaines des mutations affectant ces gènes sont transmises de façon autosomique dominante, d'autres de façon autosomique récessive, d'autres encore sont situées sur le chromosome X, mais toutes concernent des gènes codant pour des protéines impliquées dans la transduction du signal lumineux au niveau rétinien. Elles perturbent donc une même voie biologique, ce qui explique qu'elles produisent une même maladie.

DISSECTION DES VOIES BIOLOGIQUES

Dans ces conditions, on peut penser que l'étude des sous-entités mendéliennes offre l'opportunité, non d'identifier des catégories particulières de gènes qui établiraient de façon isolée un contrôle « monogénique » sur des traits biologiques complexes, mais de *disséquer ces voies biologiques* et d'en identifier un certain nombre de composants majeurs. Il faut cependant quelque peu nuancer cette conclusion, car l'expérience montre que des mutations drastiques affectant certains gènes ne sont pas viables et ne produisent en conséquence aucun phénotype observable, alors que, dans d'autres cas, l'invalidation d'un gène est susceptible d'être complémentée par l'effet d'autres gènes, et passe également inaperçue.

GÈNE MENDÉLIEN ET/OU FACTEUR DE RISQUE

Dès lors qu'une voie biologique joue un rôle dans le déterminisme d'une maladie, il devient légitime de considérer les polymorphismes de l'ensemble des gènes constituant cette voie comme des « facteurs de risque » potentiels. Il est, de plus, très tentant de supposer qu'*un même gène*, en fonction des variations géniques qu'il porte (mutations ou polymorphismes), peut se comporter *soit* comme un gène mendélien, *soit* comme un facteur de risque pour la maladie. Cette possibilité théorique est validée par l'exemple suivant : des mutations faux sens du gène *tau* (MAPT ou *Microtubule Associated Protein Tau*), transmises de façon dominante avec une pénétrance quasi complète à 65 ans, sont responsables de certaines démences fronto-temporales. Ces mutations ont plusieurs conséquences, elles diminuent la liaison de la protéine *tau* aux microtubules, favorisent son agrégation en amas insolubles ou augmentent la production d'isoformes particulières, en interférant avec l'épissage du gène.

Outre ces mutations rares, il existe sur le gène *tau* un haplotype comprenant une douzaine de polymorphismes en déséquilibre de liaison complet. Ces polymorphismes se retrouvent au niveau du promoteur, dans les séquences codantes (mutations traditionnellement silencieuses) ou encore dans les introns. L'haplotype majoritaire, présent à 80 % dans la population générale, est *un facteur de risque* pour la paralysie supra-nucléaire progressive (maladie neurodégénérative en général sporadique, atteignant le sujet âgé, associant des troubles de l'oculo-motricité avec un syndrome extrapyramidal et évoluant vers une démence frontale), où sa fréquence dépasse 95 %. Des données très récentes montrent que cet haplotype constituerait également un facteur de risque pour des formes communes de démences fronto-temporales non liées à des mutations de *tau*. On ne connaît pas encore, au sein de l'haplotype considéré, le ou les polymorphismes particuliers jouant un rôle causal dans cette augmentation de risque.

SCHIZOPHRÉNIE ET SOUS-ENTITÉS MENDÉLIENNES

Les recherches menées dans la schizophrénie n'ont pas permis de caractériser de familles étendues au sein desquelles la maladie se transmet selon un mode clairement mendélien et dont la taille est suffisante pour générer isolément des Lod-scores significatifs. Une seule observation, ne remplissant certes pas ces critères mais s'en rapprochant, a été publiée. Il s'agit d'une famille allemande au sein de laquelle ségrège un phénotype de catatonie périodique caractérisé par un négativisme akinétique, des accès hyperkinétiques avec stéréotypies, une impulsivité et une agressivité. Il existe des épisodes féconds avec présence de délire et d'hallucinations. Le mode de transmission est compatible avec une hérédité autosomique dominante à pénétrance incomplète. Sous ce modèle, un Lod-score de 1,85 a été obtenu en 22q13.33 et une mutation faux sens ségrégeant avec la maladie a été identifiée au niveau d'un gène nommé WKL1 (Meyer *et al.*, 2001). Ce gène coderait pour un canal cationique exprimé dans le cerveau et la mutation pourrait compromettre la fonction normale de la protéine. Il s'agit d'une observation qui mérite confirmation. De façon intéressante, des mutations homozygotes de WKL 1, responsables d'une perte de fonction totale, sont la cause d'une maladie neurodégénérative sévère, la leucoencéphalopathie méga-encéphalique avec kystes sous-corticaux.

Outre ce cas, il existe plusieurs maladies mendéliennes dues à des gènes bien caractérisés, qui sont responsables de *tableaux neuropsychiatriques complexes* au sein desquels des symptômes de type schizophrénique sont inclus. C'est le cas des mutations du gène *tau* dont il a déjà été question précédemment, dont la conséquence au niveau histopathologique est la dégénérescence des neurones des cortex frontaux et temporaux, liée a l'accumulation de protéines *tau* agrégées. Ces démences fronto-temporales à transmission autosomique dominante, dont le début se situe typiquement au cours de la quatrième et de la cinquième décennie, ont en début d'évolution une présentation essentiellement psychiatrique qui répond dans certains cas aux critères cliniques de schizophrénie.

De même, les formes de l'adulte jeune d'une maladie démyélinisante, la leucodystrophie métachromatique présentent, plusieurs années avant l'apparition de signes neurologiques et d'une démence, des symptômes de type schizophrénique. Il s'agit d'une maladie récessive due à la mutation homozygote d'un gène localisé en 22q13 et codant pour l'enzyme arylsulphatase A. La conséquence est un défaut du catabolisme de galactosphingosulfatides qui s'accumulent dans le système nerveux. Le diagnostic repose sur un déficit quasi total d'activité enzymatique mesuré au niveau des lymphocytes et sur un excès de sulfatides dans les urines. Le statut des sujets présentant une diminution incomplète de l'activité enzymatique est controversé, certaines études concluant à une prédisposition pour la schizophrénie chez ces sujets.

Par un curieux type de raisonnement circulaire (notamment présent dans la quatrième version de la classification américaine des troubles mentaux : DSM IV) la présence de troubles neurologiques (et plus généralement de toute pathologie « organique ») accompagnant certaines formes de schizophrénie constitue un critère d'exclusion pour poser ce diagnostic. En s'interdisant de considérer ces formes « impures » comme des schizophrénies, des données d'un grand intérêt sont perdues : plusieurs maladies génétiques responsables de phénomènes neurodégénératifs sont en effet susceptibles, au début de leur évolution, de provoquer des symptômes schizophréniques.

INVALIDATION DE GÈNES CHEZ L'ANIMAL

Une aide importante à la dissection des voies biologiques impliquées dans les pathologies à hérédité complexe peut venir de la mutagénèse réalisée chez l'animal. Il existe deux approches possibles. La première consiste à étudier les conséquences comportementales de *l'inactivation sélective* de gènes connus (animaux *knock-out*). La seconde consiste à *muter au hasard* des gènes. Chez la souris, on utilise un mutagène puissant, le N-ethyl-N-nitrosourea (ENU), qui génère des mutations ponctuelles ; chez la drosophile, on insère de façon aléatoire des transposons dans le génome. Les mutations obtenues, qui ne sont pas uniquement des mutations induisant des pertes de fonction, peuvent ensuite être maintenues à l'état homozygote ou hétérozygote au moyen de croisements appropriés. Chaque type d'organisme a ses avantages et ses inconvénients. Des phénotypes comportementaux plus complexes peuvent évidemment être étudiés chez la souris, mais la drosophile permet un ciblage immédiat du gène muté et la réalisation aisée de *cribles génétiques*, c'est-à-dire l'identification (par croisement avec un grand nombre de lignées mutantes disponibles au laboratoire) de gènes modifiant le phénotype observé soit dans le sens de l'aggravation, soit dans le sens de la restauration.

L'utilisation conjointe de ces approches a permis de caractériser toute une série de gènes impliqués dans des phénotypes comportementaux tels l'anxiété, l'apprentissage et la mémoire, le sommeil et le rythme circadien. Évidemment, on peut s'interroger sur la pertinence de modèles murins de la schizophrénie, syndrome qui est par définition le produit du dysfonctionnement d'un cerveau humain. Si l'expression d'un tel phénotype est parfaitement illusoire chez la souris, il paraît néanmoins possible d'identifier des gènes dont la mutation reproduit des *symptômes élémentaires* ou des *traits biologiques associés à la maladie*. Récemment, une lignée de souris obtenue par mutagenèse et présentant des troubles comportementaux à type de retrait social et de défaut de comportement maternel pouvant conduire à la mort des nouveau-nés par absence de soins, a été décrite (Andrieux *et al.*, 2002). Ces troubles sont améliorés par l'administration de neuroleptiques. Le gène responsable, muté à l'état homozygote, code pour une protéine nommée STOP qui stabilise les microtubules. Ce défaut de stabilisation n'induit pas de modification visible dans la morphologie ou la survie des neurones mais est responsable de troubles de la plasticité synaptique.

Exemple de modèles animaux de maladies neuropsychiatriques

Un exemple récent (Peyron *et al.*, 2000) illustrant l'intérêt de l'utilisation conjointe des modèles animaux et des sous-entités mendéliennes dans la caractérisation des bases moléculaires de traits comportementaux est constitué par l'étude d'un trouble du sommeil, la narcolepsie. La narcolepsie est l'une de ces nombreuses maladies dont la prédisposition est influencée par HLA. Il est établi depuis près de quinze ans que 90 % des sujets atteints sont HLA DQB1*0602 positifs, sans que la raison d'une telle association ne soit connue. Récemment, des études génétiques menées chez l'animal ont permis de montrer que l'invalidation de gènes codant pour un neuropeptide (Hcrt, hypocrétine), ou pour ses récepteurs, reproduisait les symptômes de la narcolepsie. De plus, l'existence d'une mutation transmise de façon dominante sur le récepteur Hcrt-2 a été documentée dans un cas très sévère de narcolepsie chez un sujet DQB1*0602 négatif. L'attention a donc ainsi été attirée vers ce système de neurotransmission, qui ne concerne qu'environ 15 à 20 000 neurones sur les 20 milliards du cerveau. Des études réalisées sur des cerveaux de patients atteints de formes courantes de narcolepsie ont ensuite montré une réduction de 85 à 95 % du nombre de ces cellules à hypocrétine, vraisemblablement du fait d'une réaction auto-immune très spécifique, sur un terrain HLA particulier. L'identification d'un gène impliqué dans de rares formes mendéliennes, à la suite d'études initialement menées chez l'animal, a complètement révolutionné nos connaissances sur les déterminants de la maladie, éclairant du même coup la physiopathologie des formes courantes.

DU COMPLEXE AU SIMPLE : CHANGER DE PHÉNOTYPE

Confrontés à la grande difficulté d'établir des relations entre génotype et phénotype dans le cadre de la schizophrénie, de nombreux auteurs ont tenté de déplacer le centre de gravité du problème et d'identifier des phénotypes intermédiaires obéissant à un déterminisme génétique plus lisible. Partant d'un cadre syndromique (la schizophrénie), diverses translations ont ainsi été réalisées. Certains ont proposé d'étudier, dans une optique transnosographique, le déterminisme de *symptômes psychotiques* considérés isolément. Ainsi, à partir d'une étude incluant des schizophrènes, des délires systématisés, des sujets présentant des troubles affectifs uni ou bipolaires, il a été décrit une association entre un polymorphisme situé dans l'exon 3 du gène du récepteur dopaminergique D4 et un score de « délire » incluant toutes les formes de délire, l'automatisme mental et les hallucinations.

D'autres ont suggéré de se focaliser sur des *traits de personnalité* qui pourraient constituer un terrain favorable à la maladie. Concernant cette approche, l'association sans conteste la plus étudiée (mais qui ne fait toujours pas l'objet d'un consensus) est celle entre ce même polymorphisme situé dans l'exon 3 du gène du récepteur dopaminergique D4 et un trait appelé « la recherche de nouveauté » qui se caractérise par un ensemble de comportements de prise de risque, d'impulsivité et de distractibilité. Le polymorphisme D4 serait responsable de quelques pour cents dans la variance sur un tel trait quantitatif.

D'autres auteurs enfin ont cherché à caractériser le déterminisme de traits neurophysiologiques ou biologiques élémentaires, témoignant de dysfonctionnements neuronaux relativement simples, stables dans le temps, fortement associés à la maladie, mais que l'on peut retrouver également chez des apparentés sains, et qui sont susceptibles de jouer un rôle dans les *désordres cognitifs prédisposant à la maladie*. Ce dernier registre, celui des *endophénotypes*, sera développé dans le chapitre « Recherche de marqueurs de vulnérabilité ».

CONCLUSION

La détection de facteurs de risque génétique pose des problèmes différents de ceux rencontrés pour la mise en évidence de mutations rares dans le cadre de maladies mendéliennes. L'emploi des méthodes traditionnelles s'avère d'un très faible rendement. Le recours aux études d'association avec criblage systématique de SNPs, actuellement considérées comme la panacée, est probablement une voie sans véritable avenir. En dépit de quelques mises en garde, il existe en effet une adhésion dénuée de critique vis-à-vis de cette approche, dont le parfum de « déjà vu » rappelle celui vécu il y a quinze ans, lorsqu'on nous annonçait qu'aucune maladie à hérédité complexe ne résisterait à une étude de liaison au moyen de 300 marqueurs judicieusement placés sur le génome.

Plutôt que de compter aveuglément sur les progrès des méthodes de génotypage à haut débit, la mise en œuvre de stratégies basées sur la caractérisation préalable de « gènes candidats » est probablement la voie la plus prometteuse. Dans ce cadre, l'étude des sous-entités mendéliennes et des phénotypes intermédiaires (endophénotypes) représente une étape décisive, car elle permet de rassembler des connaissances sur les voies biologiques impliquées, ce qui, à terme, offrira l'opportunité d'un meilleur ciblage des gènes candidats intervenant comme facteurs de risque. Une fois ces gènes ciblés de façon rationnelle, les études d'association allélique utilisant les SNP pourront alors être utilisées avec profit.

POUR EN SAVOIR PLUS

- Spielman RS, Ewens WJ. A sibship based test for linkage in the presence of association : the sib transmission/disequilibrium test. *Am J Hum Genet* 1998 ; 62 : 450-8.
- Pulver A. Search for schizophrenia susceptibility genes. *Biol Psychiatry* 2000 ; 47 : 221-30.
- Gray IC, Campbell DA, Spurr NK. Single nucleotide polymorphisms as tools in human genetics. *Hum Mol Genet* 2000 ; 9 : 2403-8.
- Mirnics K, Middelton F, Marquez A *et al.* Molecular characterization of schizophrenia viewed by microarray analysis of gene expression in prefrontal cortex. *Neuron* 2000 ; 28 : 53-67.
- Meyer J, Huberth A, Syagailo P *et al.* A missense mutation in a novel gene encoding a putative cation channel is associated with cationic schizophrenia in a large pedigree. *Mol Psychiatry* 2001 : 6 : 302-6.
- Andrieux A, Salin P, Vernet M *et al.* The suppression of brain cold-stable microtubules in mice induces defects associated with neuroleptic-sensitive behavioral disorders. *Genes Dev* 2002 ; 16 : 2360-4.
- Peyron C, Faraco J, Rogers W *et al.* A mutation in a case of early onset narcolepsy and a generalized absence of hypocretin peptides in human narcoleptic brains. *Nature Med* 2000 ; 6 : 991-7.
- Lander E, Botstein D. Mapping mendelian factors underlying quantitative traits using RFLP linkage maps. *Genetics* 1989 ; 121 : 185-99.
- Risch N. Searching for genetic determinants in the new millennium. *Nature* 2000 ; 405 : 847-56.

Schizophrénie et anomalies chromosomiques

Dans la mesure où les études de liaison génétique peinent à localiser les facteurs de susceptibilité génétique impliqués dans la schizophrénie, une alternative est d'utiliser les remaniements chromosomiques afin de parvenir aux mêmes fins. En effet, lorsque, dans le spectre des manifestations cliniques associées à un réarrangement chromosomique, on retrouve une augmentation de la fréquence de la schizophrénie, ou bien lorsqu'un remaniement chromosomique est transmis avec la schizophrénie au sein d'une famille, on peut alors faire l'hypothèse que cette région chromosomique contient un facteur de risque pour cette pathologie. À ce jour, un grand nombre d'anomalies chromosomiques présentes chez des schizophrènes ont été rapportées, mais la plupart correspondent probablement à des associations fortuites (pour revue, Bassett *et al.*, 2000). Deux remaniements méritent cependant une attention particulière.

SCHIZOPHRÉNIE ET TRANSLOCATION 1q42

Une famille étendue, d'origine écossaise, comprenant de nombreux sujets atteints de schizophrénie ou de troubles affectifs (unipolaires ou bipolaires) se caractérise par la présence d'une translocation équilibrée (1;11) (q42;q14.3) (Blackwood *et al.*, 2001). Cette translocation génère un Lod-score de 3,6 lorsque le phénotype morbide est réduit à la schizophrénie, de 4,5 lorsque seul le phénotype de trouble de l'humeur est considéré, et de 7,1 lorsque les deux phénotypes sont considérés conjointement. Cette famille pose donc le problème de l'existence d'un gène influant conjointement les troubles schizophréniques et les troubles de l'humeur.

Alors qu'il n'y a pas de gène à proximité du point de translocation sur le chromosome 11, le remaniement concerne, en revanche, deux gènes nommés DISC 1 et DISC2 *(disrupted in schizophrenia)* situés sur le chromosome 1. La fonction du gène DISC 1 a récemment été caractérisée. Ce gène code pour une protéine qui interagit avec plusieurs protéines du cytosquelette jouant ainsi un rôle dans le développement cortical. L'une de ces protéines est NUDEL, qui interagit elle-même avec LIS 1, protéine dont la perte de fonction est responsable de certaines formes de lissencéphalies (pathologies graves du développement cortical se traduisant chez l'enfant par un retard mental sévère). La forme mutée de DISC 1 n'interagit plus avec NUDEL et l'expression de cette forme mutée, dans des cellules nerveuses en culture, diminue la capacité d'extension des neurites issus de ces cellules. DISC 1 est donc un gène dont les mutations sont susceptibles de produire des effets neurodéveloppementaux.

SCHIZOPHRÉNIE ET DÉLÉTION 22q11

Le syndrome associé à la microdélétion 22q11 (22q11DS) regroupe des entités cliniques auparavant considérées comme distinctes, telles le syndrome de DiGeorge (DGS, MIM 188400) ou le syndrome vélo-cardio-facial (VCFS ; MIM 192430). Ce syndrome microdélétionnel est le plus fréquent dans la population générale et affecte environ 1 sujet sur 4 000 (Murphy, 2002). La majorité des patients (90 % d'entre eux) présente une délétion hétérozygote de trois millions de paires de bases, emportant une trentaine de gènes de la région 22q11 et cette délétion est classiquement détectée par une technique de cytogénétique basée sur l'hybridation *in situ* de sonde fluorescente (FISH). La plupart des cas correspondent à des accidents chromosomiques *de novo*, mais dans 10 à 15 % des cas, la délétion est transmise par l'un des deux parents. Les patients atteints de 22q11DS présentent, outre le tableau de malformations congénitales associant cardiopathie de type conotroncal, dysmorphie faciale, hypoplasie du thymus et des parathyroïdes, fente palatine ou insuffisance vélaire, un déficit cognitif et des manifestations psychiatriques.

DÉFICIT COGNITIF DANS LE 22q11DS

Le déficit cognitif chez les patients atteints de 22q11DS est attesté par la présence fréquente de difficultés d'apprentissage scolaire et se traduit dans plus d'un tiers des cas par un retard mental léger (QI < 70). Durant l'enfance, le profil cognitif le plus fréquent montre une dissociation entre le QI verbal et le QI performance, ce dernier étant plus sévèrement touché. L'analyse des sub-tests du QI a montré que le déficit prédominait au niveau des capacités visuo-spatiales et du raisonnement non verbal.

TROUBLES DU COMPORTEMENT DANS LE 22q11DS

Dès la description du syndrome VCFS, des troubles comportementaux avaient été notés. Deux études, réalisées chez l'enfant et l'adolescent, se heurtent à l'absence de systématisation des diagnostics psychiatriques et des procédures de recueil de données. Elles mettent néanmoins en évidence un excès de troubles thymiques (64 % de troubles bipolaires à début précoce dans une série de vingt-cinq patients), d'hyperactivité avec déficit de l'attention (sept patients sur vingt et cinq patients sur vingt-cinq dans deux séries publiées) ou de schizophrénie à début précoce.

Chez l'adulte, Murphy *et al.* (1999) ont retrouvé, à partir de cinquante sujets atteints de 22q11DS, douze sujets (24 %) présentant une schizophrénie selon les critères DSM IV, alors que Cohen *et al.* (1999) rapportent trente-trois cas de psychose (schizophrénie, troubles schizoaffectifs, hallucinations auditives, délire paranoïde) parmi 126 proposants (36 %). Dans une méta-analyse européenne, onze adultes sur soixante et un (18 %) étaient considérés comme ayant « des problèmes psychiatriques ».

Réciproquement, trois études ont analysé, par FISH, la fréquence de la délétion 22q11 chez des patients schizophrènes. Les fréquences retrouvées varient entre 1/50 et 1/300 selon les études. Ces résultats ont conduit Basset et Chow à conclure que le 22q11DS correspondait à un sous-groupe étiologique de schizophrénie.

IMAGERIE CÉRÉBRALE DANS LE 22q11DS

Les études en IRM quantitative réalisées chez des enfants et des adolescents atteints de 22q11DS ont montré une réduction globale du volume cérébral, impliquant à la fois la substance blanche et grise, avec une prédominance au niveau de la substance blanche. Le lobe frontal est relativement préservé alors que les lobes temporaux, pariétaux et occipitaux sont touchés. Les images observées chez des adultes schizophrènes présentant la délétion 22q11 sont similaires à celles observées chez les autres schizophrènes (déficit de substance grise prédominant dans les lobes temporaux et frontaux) et assez différentes de celles décrites ci-dessus.

MISE EN ÉVIDENCE DE MUTATIONS DU GÈNE PRODH ASSOCIÉES À DES ALTÉRATIONS DU MÉTABOLISME DE LA PROLINE

L'augmentation de la prévalence des traits schizophrènes chez les patients atteints de 22q11DS, et l'augmentation réciproque de la prévalence de la délétion hétérozygote de la région 22q11 chez les patients schizophrènes, nous ont conduit à rechercher un facteur de risque génétique pour la schizophrénie dans cette région chromosomique.

Pour ce faire, nous avons mis au point une technique de PCR multiplex de courts fragments fluorescents (*Quantitative Multiplex PCR of Short Fluorescent Fragments* ou QMPSF) qui permet de détecter des remaniements de très petite taille, n'intéressant qu'un gène ou une fraction de gène. L'analyse par QMPSF de vingt-trois gènes couvrant ou jouxtant la délétion de 3 Mb de la région 22q11 chez soixante-trois patients schizophrènes et soixante-huit sujets témoins n'a pas retrouvé dans cet échantillon de remaniement complet de la région 22q11. En revanche, nous avons détecté, chez une patiente schizophrène, une petite délétion hétérozygote d'environ 350 kb emportant complètement le gène PRODH (Jacquet *et al.*, 2002).

Le gène PRODH code une proline déshydrogénase qui assure la conversion de la proline en Δ-pyrroline-5-carboxylate (P5C), lequel par oxydation est converti en glutamate, et enfin en GABA. Nous avons donc mesuré le niveau de proline dans le plasma de la patiente schizophrène, porteuse de la délétion du gène PRODH. La prolinémie était élevée à 538 µmol/L (N < 290 µmol/L). Cette patiente avait une sœur schizophrène porteuse de la même délétion hétérozygote associée à une hyperprolinémie plus modérée (338 µmol/L). La mère asymptomatique de ces deux patientes schizophrènes présentait également la délétion hétérozygote du gène PRODH mais avait une prolinémie normale. L'observation de cette famille indique que la délétion hétérozygote du gène PRODH n'est pas suffisante pour provoquer l'hyperprolinémie, mais que la présence de symptômes psychotiques s'accompagnait d'une hyperprolinémie.

Il convient de noter, à ce propos, que 50 % seulement des patients 22q11DS présentent une hyperprolinémie. Nous avons confirmé ces données de la littérature en objectivant une hyperprolinémie modérée, chez seulement six enfants sur douze présentant un syndrome de DiGeorge (moyenne : 355 µmol/L, valeurs extrêmes : 295-532 µmol/L). Ces résultats montrent que la perte de fonction hétérozygote du gène PRODH n'est pas *suffisante* pour induire une hyperprolinémie. Ce génotype a une pénétrance incomplète, ce qui implique que d'autres facteurs génétiques ou environnementaux sont de nature à le moduler. Nous avons par ailleurs montré, par séquençage du gène PRODH présent à l'état haploïde chez les patients DiGeorge, qu'aucune variation dans la séquence codante du gène ne permettait de distinguer les sujets hyperprolinémiques des autres.

Nous avons ensuite recherché des variations nucléotidiques du gène PRODH chez les patients et les témoins sans réarrangements génomiques détectables. Une mutation rare de PRODH (L441P), qui affecte un résidu très conservé, a été retrouvée chez un seul patient schizophrène avec une hyperprolinémie modérée (360 µmol/L). Le frère schizotypique de ce patient avait une prolinémie du même ordre. La mère, schizophrène, qui présentait une mutation composite L441P/R431H, avait une hyperprolinémie plus élevée à 694 µmol/L. Cette variation, et plusieurs autres, du gène PRODH ont également été retrouvées, associées à la schizophrénie, dans une étude indépendante (Liu *et al.*, 2002). Au total, ces données démontrent qu'une hyperprolinémie, associée à des mutations du gène de la proline déshydrogénase, est présente chez certains patients schizophrènes.

FORMES SÉVÈRES DE L'HYPERPROLINÉMIE DE TYPE I LIÉES À UN RETARD MENTAL

Deux types d'hyperprolinémie, maladie métabolique rare, ont été caractérisés sur le plan biochimique : le type I [MIM 239500] résulte d'un déficit de l'activité proline déshydrogénase/oxydase, et le type II [MIM 239510] résulte d'un déficit de la P5C déshydrogénase/aldéhyde déshydrogénase. Dans le type II, le P5C est anormalement excrété dans les urines. Alors que l'hyperprolinémie de type I est parfois considérée comme une maladie bénigne, car certains sujets ont une hyperprolinémie en l'absence de symptomatologie particulière, plusieurs observations ont rapporté le cas d'enfants présentant une hyperprolinémie de type I avec des manifestations neurologiques incluant un retard mental sévère et une épilepsie. Nous avons analysé, par séquence et QMPSF, le locus PRODH chez trois enfants présentant cette forme sévère d'hyperprolinémie de type I, associée à des taux de prolinémie plasmatique très élevés (de l'ordre de 1 000 µmol/L). Chez deux de ces enfants, nous avons retrouvé une mutation L441P à l'état homozygote et, chez le troisième enfant, nous avons détecté une délétion isolée du locus PRODH, identique à celle identifiée chez des patients schizophrènes, mais à l'état homozygote (Jacquet *et al.*, 2002). Ces résultats démontrent que les mêmes mutations, présentes à l'état hétérozygote chez les patients schizophrènes ayant une hyperprolinémie modérée, sont détectées à l'état homozygote chez des enfants présentant une hyperprolinémie majeure associée à des signes neurologiques.

MODÈLE MURIN D'HYPERPROLINÉMIE

Le modèle murin avait précédé ces résultats, puisque une lignée de souris ProRE, spontanément hyperprolinémiques, porteuse d'une mutation tronquante homozygote du gène PRODH, a été caractérisée. Ces souris présentent, outre diverses anomalies neurochimiques, un trouble du filtrage sensoriel, objectivé par le test de l'inhibition du sursaut. Ce test mesure la diminution du sursaut en réponse à un stimulus sonore intense précédé par un premier stimulus d'intensité modérée. Or, ce test est également perturbé dans plusieurs maladies mentales, incluant la schizophrénie.

HYPERPROLINÉMIE ET NEUROTOXICITÉ

La proline, acide aminé non essentiel, est l'un des principaux constituants du pool extracellulaire des acides aminés. Suite à son oxydation en P5C, catalysée par la PRODH, elle constitue au niveau cérébral un important précurseur de deux neuromédiateurs, le glutamate et le GABA. Un effet toxique direct de la L-proline sur les neurones hippocampiques a été montré. De plus, la proline, qui est captée par un transporteur spécifique dans les terminaisons glutamatergiques, potentialise la transmission glutamatergique dans les neurones hippocampiques de rat et pourrait promouvoir, par ce mécanisme, une excitotoxicité.

CONCLUSION

Ces travaux apportent un ensemble d'arguments identifiant le gène PRODH comme un facteur de risque pour la schizophrénie situé en 22q11. Il est cependant possible que ce gène ne soit pas le seul facteur de risque présent dans cette région. En effet, le gène codant pour l'enzyme *Catecholamine-O Methyl Transferase* (COMT) est notamment présent dans la région délétée et certains travaux, non confirmés par d'autres publications, ont fait état d'une association entre des polymorphismes de ce gène et la schizophrénie. La prévalence d'une hyperprolinémie modérée, dans la population générale et chez les schizophrènes, reste à quantifier afin d'évaluer le degré d'association entre cette anomalie métabolique et la maladie. Il est toutefois clair que seule une minorité de patients présente un tel trouble. Par ailleurs, l'éventuelle implication de ce facteur dans d'autres maladies psychiatriques reste à investiguer.

À côté des formes de schizophrénie pour lesquelles une hypothèse neurodéveloppementale a été soulevée (pour lesquelles il n'existe toujours pas de gène de susceptibilité identifié avec certitude), il semble donc qu'il y ait place pour d'autres hypothèses, en particulier neurodégénératives, dans la schizophrénie. Enfin, si le rôle causal de l'hyperprolinémie est confirmé, il sera possible, par des moyens adaptés, de contrôler le plus précocement possible le taux de proline sanguin chez les apparentés de sujets schizophrènes présentant une hyperprolinémie et, peut-être, d'envisager des stratégies préventives chez ces apparentés à risque de développer la maladie.

POUR EN SAVOIR PLUS

• Blackwood D, Fordyce A, Walker M *et al.* Schizophrenia and affective disorders. Cosegregation with a translocation at chromosome 1q42 that directly disrupts brain expressed genes : clinical and P300 findings in a family. *Am J Hum Genet* 2001 ; 69 : 428-33.

• Bassett A, Chow EWC, Weksberg R. Chromosomal abnormalities and schizophrenia. *Am J Med Genet* 2000 ; 97 : 45-51.

• Murphy KC. Schizophrenia and velo-cardio-facial syndrome. *Lancet* 2002 ; 359 : 426-30.

• Jacquet H, Raux G, Thibaut F *et al.* PRODH mutations and hyperprolinemia in a subset of schizophrenic patients. *Hum Mol Genet* 2002 ; 11 : 1-7.

Concept d'anticipation : mécanisme génétique

Benedict Augustin Morel a souligné le premier, dès 1857, le fait que, dans certaines pathologies mentales, il existait une tendance à l'accroissement de la sévérité ou de la précocité de l'apparition d'une maladie, au fil des générations successives d'une même famille : « un individu au tempérament nerveux pouvait être suivi, après plusieurs générations, d'un enfant atteint de crétinisme goitreux ». En 1910, le psychiatre anglais Mott créa le terme *anticipation* pour décrire ce phénomène. Ces théories, qui se heurtaient de front aux conceptions de la génétique, ont fait l'objet, en 1945, d'une critique sévère de la part de Penrose. Il a en effet attribué ces observations à des biais d'analyse, dans une ambiance marquée par une opposition forte à l'eugénisme, au décours de la Seconde Guerre mondiale.

Pendant près d'un demi-siècle, l'anticipation a ainsi été négligée dans la recherche sur les maladies psychiatriques jusqu'à ce que, en 1991, ce phénomène revienne au premier plan grâce aux progrès de la biologie moléculaire. Ces dernières années, les bases moléculaires associées au phénomène clinique d'anticipation ont été identifiées dans plusieurs maladies neurologiques.

Sur le plan biologique, l'anticipation est associée à une augmentation ou « expansion » du nombre de répétitions de triplets (séries de trois nucléotides répétées consécutivement, par exemple CGG CGG CGG...) au niveau d'une région de l'ADN. Les répétitions de type CAG ou CGG sont les plus fréquemment observées. Il existe dans le génome humain de nombreuses séquences de répétitions dont la longueur est variable. Cependant, chez le sujet normal, le nombre de répétitions d'une même séquence n'excède habituellement pas quarante et leur transmission d'une génération à l'autre est stable. Parfois, et pour des raisons encore mal connues, certaines séquences de répétitions de triplets peuvent croître, devenir instables et ainsi devenir plus longues, lors de la transmission à la génération suivante.

Lorsque ces expansions sont situées dans une région transcrite en ARN et que le nombre de répétitions dépasse une certaine valeur (entre trente-cinq et quarante, en général) ce mécanisme peut aboutir à une mutation pathologique (appelée *mutation dynamique*). En outre, quand ces répétitions sont présentes dans une région codante du génome, elles peuvent entraîner la synthèse de séquences répétées d'acides aminés dont les conséquences fonctionnelles sont incomplètement connues. Des séquences de répétitions de triplets ont également été décrites chez *E. Coli*, ce qui pourrait constituer un modèle d'étude.

Les facteurs qui influencent la stabilité de ces fragments d'ADN et les conditions de l'apparition d'une mutation demeurent mal connus. Toutefois, les expansions importantes observées dans la chorée de Huntington sont associées à certains haplotypes (ensemble d'allèles suffisamment liés entre eux pour être transmis comme une unité) expliquant ainsi les variations dans la prévalence de cette maladie parmi les différentes populations du monde. Ces haplotypes sont caractéristiques d'allèles normaux « longs » qui auraient une plus grande probabilité d'atteindre la zone de prémutation et pourraient ainsi constituer une sorte de réservoir de mutations dans certaines populations. Dans des maladies associées à une importante instabilité de fragments d'ADN telles que le syndrome du X fragile, il existe préalablement à la mutation un stade de *prémutation*. Chez le sujet normal, la longueur des répétitions de triplets, inférieure à une valeur seuil, est transmise sans changement aux générations suivantes. Lors de l'apparition d'une prémutation chez un individu, la longueur des répétitions de triplets augmente légèrement, conférant une instabilité à la séquence de l'ADN qui peut ainsi continuer à croître lors de méioses successives.

Dans de rares cas, le nombre de répétitions peut décroître (réversion) et le phénotype du sujet porteur peut redevenir normal. Ceci a été décrit dans le syndrome du X fragile. Cependant, le plus souvent, le nombre de répétitions s'accroît et la maladie devient de plus en plus sévère ou de plus en plus précoce au cours des générations successives.

ANTICIPATION ET MALADIES NEUROLOGIQUES

En général, les maladies liées à des expansions de triplets sont classées selon le type de répétition et selon leur traduction éventuelle. Plusieurs types d'instabilité de fragments d'ADN ont ainsi été décrits.

1. Un premier type de répétitions concerne le triplet CAG. Dans toutes ces pathologies à expansion de CAG, les signes cliniques incluent des mouvements anormaux et involontaires et des symptômes neuropsychiatriques variés. Dans l'immense majorité des cas actuellement connus, la mutation est située dans une région codante du génome et un gain de fonction toxique pour la protéine en découle généralement. La conséquence de la mutation est la synthèse de polyglutamines en excès qui se trouvent insérées dans la séquence protéique. La présence de ces polyglutamines en excès, retrouvées sous forme d'inclusions intranucléiques et intracytoplasmiques neuronales, pourrait jouer un rôle, encore mal compris, dans la dégénérescence de populations neuronales spécifiques de ces maladies. À la différence de la maladie d'Alzheimer, dans ces maladies, l'hippocampe est en général relativement préservé. La maladie apparaît, le plus souvent, lorsque le nombre de répétitions CAG dépasse 40, excepté pour l'ataxie spino-cérébelleuse de type 6. Le nombre maximal de répétitions CAG connu n'excède pas 200. Ces répétitions de triplets de type CAG ont été mises en évidence dans différentes maladies neurodégénératives à transmission autosomique dominante, à l'exception de la maladie de Kennedy, liée à l'X :

– la *chorée de Huntington*, caractérisée par l'association de mouvements anormaux et de symptômes psychiatriques, est associée à des répétitions de triplets CAG au niveau du gène de la huntingtine, situé sur le chromosome 4 (4p16.3). Le nombre de répétitions varie entre 36 et 121 (contre 6 à 35 chez le sujet normal). Cependant, la pénétrance de la maladie n'est complète que lorsque le nombre de répétitions dépasse le seuil de 40. Il existe une corrélation entre le nombre de répétitions et l'âge de début de la maladie qui explique environ 50 % de la variance sur les âges de début. Lorsque le nombre de répétitions dépasse 60 à 70, l'âge de début est souvent inférieur à 20 ans. La transmission paternelle accroît généralement le nombre de répétitions (parfois en doublant celui-ci), alors que la transmission maternelle ne l'accroît que très peu ; il en résulte un âge d'apparition de six à huit ans inférieur à celui du père chez les enfants dont le père est porteur de la maladie alors que chez ceux dont la mère est atteinte, l'âge de début est presque identique entre les générations. En effet, chez les sujets de sexe masculin, on observe une instabilité de l'ADN dans les cellules germinales alors qu'il existe peu de variations du nombre de répétitions dans les autres cellules. Les relations entre le nombre de répétitions et la symptomatologie psychiatrique ne sont pas claires ;

– au cours de la *maladie de Kennedy* (caractérisée par une dégénérescence des motoneurones), la répétition de triplets CAG est située sur le chromosome X dans la région codant pour le récepteur aux androgènes (Xq11-q12) ;

– d'autres maladies telles que l'*atrophie dento-rubro-pallido-luysienne* (DRPLA), l'*ataxie spino-cérébelleuse de type 1* (SCA1), la *maladie de Machado-Joseph* (MJD ou SCA3) et l'*ataxie spino-cérébelleuse de types 2 et 7* (SCA2 et SCA7) sont également associées à des répétitions de triplets de type CAG. Dans ces pathologies neuro-dégénératives, le risque d'allongement des allèles mutés et par conséquent le phénomène d'anticipation est généralement lié à la transmission paternelle par instabilité accrue dans la lignée germinale mâle ;

– dans le cas de l'*ataxie spino-cérébelleuse de type 6* (SCA6), le nombre de répétitions (CAG) est plus faible (compris entre 20 et 30), elles sont situées sur le chromosome 19p13.

2. Dans un second type d'accroissement du nombre de répétitions de triplets, ce nombre peut atteindre des valeurs très élevées. La mutation est alors située au niveau de régions non codantes de l'ADN et affecte, en général, l'expression du gène :

– dans le *syndrome du X fragile* (FRAXA), la répétition de la séquence CGG se trouve sur la partie 5' non traduite du gène FMR1, situé en Xq27.3. Il s'agit d'une des causes les plus fréquentes de retard mental. La présentation clinique associe à un retard mental une dysmorphie et, fréquemment, des troubles psychiatriques. Le nombre de répétitions de triplets varie entre 200 et 2 000 chez le sujet malade alors qu'il est compris entre 6 et 54 chez le sujet normal. Entre ces deux valeurs se situe le stade de prémutation où le risque d'expansion croît en fonction de la taille de l'allèle prémuté : 17 % entre 60 et 69 répétitions, 77 % entre 70 et 89, et 100 % au-delà de 89 répétitions. Cependant, seule la transmission maternelle favorise l'expansion du nombre de triplets du stade de la prémutation à celui de la mutation. Ces données rendent compte d'un aspect particulier de la transmission de cette maladie, connu sous le nom de *paradoxe de Sherman* : dans ces familles, on observe que le nombre d'individus retardés mentaux augmente au fil des générations successives, particulièrement chez les petits-fils et arrière-petits-fils d'un sujet de sexe masculin asymptomatique. Moins de 1 % des cas de X fragile mis en évidence par l'étude cytogénétique sont dûs à une autre mutation, de type FRAXE, sur le gène FMR2, situé à proximité du gène FMR1. Le phénotype clinique est alors moins sévère. Trois autres sites fragiles sont également liés à des expansions de répétitions. Il s'agit de FRAXF (répétitions de type CCG), Fra 16A (répétition de type CCG sur le chromosome 16p), Fra 16B dont le phénotype est inconnu. FRA11B, résultant d'une expansion de type CGG (séquence de

100 répétitions), est associé à une délétion en 11q. Le phénotype clinique (syndrome de Jacobsen) qui en résulte inclut des troubles cognitifs, une dysmorphie faciale et des troubles hématologiques ;

– dans la *dystrophie myotonique de Steinert*, la répétition de la séquence CTG est située dans la région 3' non traduite du gène de la myotonine kinase (chromosome 19q13). Dans cette maladie caractérisée par une myotonie, une cataracte, des troubles de conduction cardiaque, un retard mental est associé aux formes congénitales.

3. Dans quelques rares maladies, une expansion de type CAG ou CTG est située dans une région non codante et peut être à l'origine d'une maladie neurodégénérative dont la transmission est autosomale dominante [il s'agit des *atrophies spino-cérébelleuses de type SCA 8* (extrémité 3') *et de type SCA 12* (extrémité 5')]. Cependant, en ce qui concerne SCA 8, la présence de longues répétitions de ces triplets dans la population générale (environ 1 %) en 13q21 ainsi que la faible pénétrance de cette mutation dans les familles de malades laissent penser qu'il s'agit d'une mutation non suffisante pour déclencher la maladie. En outre, les répétitions de triplets SCA 8 sont probablement en cause dans environ 8 % des répétitions longues (supérieures à 180 paires de bases) identifiées par la méthode *Repeat Expansion Detection* (ou méthode RED).

4. Récemment une nouvelle expansion de triplets a été décrite dans une maladie récessive : l'*ataxie de Friedreich*. Dans ce cas, la répétition du triplet GAA se situe dans l'intron 1 (non traduit) du gène de la frataxine, localisé sur le chromosome 9q13. Dans cette maladie, les sujets hétérozygotes (1 sur 120 dans la population) restent asymptomatiques quelle que soit la taille de l'expansion. Seuls les sujets homozygotes développent la maladie.

5. Enfin, un petit nombre de *maladies musculaires* ou de *dysplasies du squelette* sont dues à de très petites expansions de trinucléotides dans une région codante de l'ADN [entre 6 et 30 répétitions de séquences GCG ou GAC ou GCN (N : nucléotide)]. Ces triplets codent pour des séquences d'alanine ou d'asparagine. Pour certaines de ces maladies, de très faibles différences dans le nombre de répétitions peuvent modifier l'expression clinique de la maladie ou même son mode de transmission, habituellement autosomal dominant (la maladie peut être ainsi transmise de façon récessive ou dominante selon le nombre de répétitions et le nombre d'allèles atteints avec une transmission autosomale récessive, et non plus dominante, chez les sujets homozygotes pour un très faible nombre de répétitions par exemple). Dans quelques cas, une contraction, au même titre qu'une expansion de répétitions de triplets, peuvent être associées à la maladie.

En conclusion, la grande majorité des maladies résultant d'expansions de trinucléotides touche le système nerveux central et a pour conséquence un retard mental ou des troubles cognitifs ; ces maladies sont fréquemment associées à des syndromes psychiatriques connus (troubles affectifs, anxiété, troubles schizophréniques, etc.). Dans nombre de ces maladies, la longueur des séquences de répétitions est corrélée avec la sévérité ou l'âge de début de la maladie. Cependant, le lien entre les symptômes psychiatriques et l'existence de mutations dynamiques dans ces pathologies demeure mal connu. Plusieurs études ont ainsi recherché si ces mutations dynamiques pouvaient être présentes chez des sujets schizophrènes, en l'absence d'expression d'une pathologie neurodégénérative, ou s'il existait un déséquilibre de liaison entre des mutations ou des polymorphismes situés sur ces gènes et les troubles psychiatriques observés.

ANTICIPATION ET SCHIZOPHRÉNIE

La découverte récente de ce type de mutations a conduit à reconsidérer la question de l'anticipation dans les pathologies psychiatriques.

Pour ce qui est de la schizophrénie, il convient d'abord de citer le travail déjà ancien de Penrose qui a examiné 3 000 schizophrènes appartenant à des familles comportant plusieurs sujets atteints, au sein de plusieurs générations successives, à la recherche d'un phénomène d'anticipation. Il a observé une diminution significative de l'âge de début de la maladie au fur

et à mesure des générations successives. Cependant, il attribuait ce phénomène d'anticipation à des biais d'analyse :
– choix préférentiel de familles au sein desquelles les parents ont un âge de début tardif. En effet, les parents dont l'âge de début est plus précoce auraient, du fait de leur pathologie, une fertilité réduite. Des biais de remémoration pourraient également intervenir dans la détermination rétrospective de l'âge de début ;
– choix préférentiel de familles dont la descendance a un âge de début précoce. Il pourrait s'agir alors des formes les plus sévères qui pourraient être plus facilement dépistées. Les cas des enfants dont l'âge de début de la maladie est tardif pourraient également être peu fréquents car, au moment de l'étude, ils n'auraient pas encore dépassé la période dite à risque de développer la schizophrénie ;
– choix préférentiel de paires parent-enfant développant en même temps la maladie dans une plage de temps donnée.

Les études récentes ont essayé de prendre en compte ces biais.

La plupart des études, sauf une réalisée à partir de familles issues d'un isolat situé en Micronésie, a retrouvé un phénomène d'anticipation pour l'âge de début (6 à 18,5 ans soit 13 ans en moyenne) dans des échantillons de familles dites unilinéales (un seul des deux parents est supposé transmettre la maladie), comportant plusieurs sujets schizophrènes et incluant deux à trois générations. Un total d'environ 900 familles a été analysé. Ainsi, par exemple, parmi les toutes premières études, Thibaut *et al.* (1995) ont analysé vingt-six familles et ont observé une diminution significative de l'âge de début de la schizophrénie dans la jeune génération (en moyenne 10 ans), comparativement à la génération des sujets plus âgés (parents, oncles et tantes). La prise en compte de certains biais d'analyse possibles (choix préférentiel de familles au sein desquelles les parents ont un âge de début tardif, effet de censure de l'âge auquel le sujet est analysé pour ce qui concerne la génération des enfants – par exemple, avant la fin de la période de la vie au cours de laquelle il a une probabilité plus importante de développer la maladie) ne modifie pas les résultats. Yaw *et al.* ont étudié un petit échantillon de quinze familles comportant chacune plusieurs sujets schizophrènes et ont analysé séparément les paires en fonction de l'âge de début précoce ou tardif de survenue de la schizophrénie chez les parents. Ils ne retrouvent pas d'anticipation au sein des paires à âge de début précoce du parent (mais il s'agit de 10 paires).

D'autres biais, tels que la possibilité d'un effet cohorte dans la schizophrénie (modification de l'âge de début, de la sévérité ou de la fréquence d'une maladie à l'échelle d'une population entière, au cours des décennies successives), ont été récemment décrits (Thibaut *et al.*, 2001). La réduction de la fertilité, chez les schizophrènes les plus sévèrement et les plus précocement atteints, peut également introduire un biais dans l'analyse du phénomène d'anticipation. Enfin, la plupart des études ont sélectionné des familles à transmission unilinéale, ce qui n'exclut pas la possibilité d'un appariement préférentiel, parmi les couples étudiés, avec une autre personne porteuse de gènes de susceptibilité, mais n'exprimant pas cliniquement la schizophrénie. La situation idéale serait l'inclusion systématique de probands, indépendamment de leur histoire familiale, et leur étude prospective jusqu'à ce que la génération des parents et des enfants atteigne la fin de la période à « risque » de développer la maladie.

En ce qui concerne l'accroissement de la sévérité de la maladie au cours des générations successives, les données sont plus controversées, en partie à cause de la difficulté à établir des critères stables de mesure de la sévérité de la maladie. Le nombre et la durée des hospitalisations, parfois utilisés dans certaines études, ne constituent pas un indice très fiable de mesure de la sévérité.

Petronis et Kennedy ont réexaminé les données issues des études familiales, de jumeaux et d'adoption, dans la perspective de mutations instables. Ils montrent que certaines déviations, par rapport à un mode de transmission mendélien simple, qui sont habituellement considérées comme des arguments en faveur d'une hérédité polygénique, peuvent s'interpréter avec un modèle de transmission de gènes instables. Cette explication permet de rendre compte de certains phénomènes inexpliqués, tels que :

– le nombre élevé de formes apparaissant comme non familiales ;
– la discordance parfois observée chez les jumeaux monozygotes (qui peut être liée à des expansions différentes pendant la période postzygotique) ;
– l'identité du taux de psychoses dans la descendance de jumeaux monozygotes discordants pour la schizophrénie ;
– les variations importantes du phénotype à l'intérieur d'une même famille (pénétrance et expressivité variables liées à la taille plus ou moins grande de l'expansion ou encore à l'existence de mosaïques dans les cellules somatiques).

Par exemple, dans le syndrome du X fragile, au moins cinq facteurs sont connus pour jouer un rôle dans l'expression phénotypique : le sexe de l'individu atteint, la longueur de la séquence de répétitions, l'inactivation du X chez les femmes, l'existence de mosaïques dans les cellules somatiques, le degré de méthylation. En outre, trois paires de jumeaux monozygotes discordants, au moins partiellement, pour le syndrome du X fragile ont été décrites.

Cependant, les modes de transmission inhabituels sont beaucoup plus fréquents dans les maladies psychiatriques que dans les maladies à expansions de répétitions, suggérant ainsi que les mutations dynamiques ne sont probablement pas le seul mécanisme génétique impliqué dans la schizophrénie.

EMPREINTE GÉNOMIQUE

L'empreinte génomique est observée lorsque la source parentale du matériel génétique influence l'expression phénotypique (âge de début, sévérité de la maladie, type de maladie, pénétrance, etc.) chez les enfants atteints. L'empreinte génomique a été décrite dans d'autres maladies à mutations dynamiques. L'instabilité des répétitions de type CAG étant accrue lors de la transmission paternelle alors que, dans d'autres répétitions non traduites telles que celles observées dans le X fragile, l'ataxie de Friedreich ou la dystrophie myotonique, c'est au contraire la transmission maternelle qui accroît l'instabilité. Ce phénomène d'empreinte ne semble pas exister dans les familles de schizophrènes qui ont été analysées, ce qui représente un échantillon total de 270 familles environ (cinq études sont négatives, deux seulement sont positives dont une sur un très petit échantillon de familles). Husted *et al.* (1998) rapportent, à partir d'un échantillon de 127 paires parents-enfants, une anticipation plus importante pour l'âge de début lorsque la transmission est paternelle.

L'équipe de Malaspina a rapporté une fréquence plus importante de schizophrènes chez les enfants dont le père est âgé (âge supérieur à 50 ans), évoquant ainsi l'apparition possible, chez ces enfants, de nouvelles mutations ou d'expansions de triplets qui pourraient contribuer au maintien des taux d'incidence des formes sporadiques dans la population générale.

BIOLOGIE MOLÉCULAIRE ET SCHIZOPHRÉNIE

Les données cliniques étudiant le phénomène d'anticipation ont été jugées suffisantes pour initier des études de biologie moléculaire chez des sujets schizophrènes. Plusieurs approches sont actuellement explorées.

1. La méthode RED *(Repeat Expansion Detection)* consiste à détecter l'accroissement de répétitions de triplets à l'aide d'oligonucléotides complémentaires de l'ADN, constitués de répétitions de triplets liés entre eux par une ligase. Cette méthode permet de repérer des expansions de séquences, principalement de types CAG ou CGG, sans fournir jusqu'alors d'indication sur la localisation de celles-ci dans le génome. Elle est de surcroît peu sensible puisque le seuil de détection est de quarante répétitions. Elle a toutefois été utilisée pour rechercher des répétitions de trinucléotides dans des groupes de sujets schizophrènes non apparentés (au total plus de 600) ou dans des familles de schizophrènes (une cinquantaine) comparativement à des groupes de sujets normaux.

Malgré deux études initiales prometteuses, réalisées dans des groupes de schizophrènes non apparentés, la majorité de ces études ne retrouve pas d'excès de répétitions de CAG dans la schizophrénie. Vincent *et al.* (1998) ont recherché des répétitions de type CAG avec la méthode RED, en comparant des paires de jumeaux monozygotes concordants et discordants pour le diagnostic de schizophrénie, mais bien qu'une tendance à un nombre plus important de répétitions soit retrouvé dans les paires concordantes, les résultats restent incertains. Dans les formes familiales montrant de l'anticipation clinique, la comparaison entre les individus malades et non malades, ou entre la génération des parents et des enfants, ne montre pas de différences dans le nombre de répétitions de triplets.

Haaf *et al.* (1996) ont décrit la possibilité, lorsqu'une expansion a été détectée chez un sujet par la méthode RED, de localiser celle-ci au niveau chromosomique en utilisant une technique d'hybridation fluorescente *in situ* (FISH).

Une nouvelle technique « DIRECT » *(Direct Identification of Repeat Expansion and Cloning Technique)* permet l'identification et le clonage de fragments de gènes présentant des répétitions de triplets CAG (> 23) mais jusqu'alors cette technique, appliquée à des familles de schizophrènes avec une anticipation sur l'âge de début, n'a pas permis de retrouver de répétitions de CAG (Sanpei *et al.*, 1996).

En outre, deux expansions de CAG fréquentes dans la population générale, et dénuées de traduction clinique, ont probablement introduit des biais dans l'analyse des résultats obtenus avec la méthode RED. Il s'agit de ERDA1/Dir 1, triplet transcrit, ou bien de CTG 18.1, triplet intronique dans le gène SEF2-1B. Ces répétitions de triplets sont situées respectivement sur les chromosomes 17q21.3 et 18q21.1. Elles pourraient être responsables, pour certains auteurs, de 90 % des expansions de type CAG détectées par le méthode RED. Leur signification, dans les familles de schizophrènes, mériterait d'être précisée. Les études réalisées chez des schizophrènes non apparentés, y compris des formes débutant dans l'enfance, comparativement à des témoins, ne retrouvent pas de différences dans la longueur des répétitions pour Dir1. En ce qui concerne CTG 18.1, des études comparatives réalisées à partir de familles, de jumeaux monozygotes, de schizophrènes non apparentés et de contrôles ne montrent pas de différences non plus.

En conclusion, dans l'interprétation de la négativité de la majorité des études, on ne peut éliminer l'existence de répétitions de triplets de taille inférieure à quarante qui ne seraient pas détectées par la méthode RED, ou encore de répétitions non CAG, non détectables par la méthode RED.

2. D'autres auteurs ont recherché l'existence d'une association entre des répétitions de triplets CAG déjà connues, situées par exemple sur le gène impliqué dans la chorée de Huntington ou sur le gène impliqué dans l'atrophie dento-rubro-pallido-luysienne ou encore dans SCA6, et la schizophrénie, en raison de la présence de symptômes psychotiques au cours de ces pathologies neurodégénératives. Ces études concluent majoritairement à des résultats négatifs. Saint-Clair a rapporté, en 1994, le cas d'un schizophrène présentant trente-six répétitions sur le gène de la huntingtine (ce qui le place à la limite de la zone pathologique), et dont l'histologie striatale était normale. En ce qui concerne SCA1, des résultats positifs obtenus dans de petits échantillons (un échantillon de cas sporadiques et un échantillon de familles) mériteraient d'être répliqués.

D'autres études ne retrouvent pas d'excès de répétitions au niveau du gène FMR1 dans des formes familiales ou non de schizophrénie. Dans un cas de psychose chez un adulte, une méthylation mosaïque du gène FMR1 a été décrite. Cependant, il existe peu d'arguments en faveur de sites chromosomiques fragiles dans la schizophrénie ; ce type de mutation, décrit dans le X fragile, paraît donc moins probable dans la schizophrénie.

Plus généralement, il est possible de dresser la liste des gènes connus s'exprimant dans le cerveau et qui sont porteurs de séquences répétées. Plusieurs dizaines de ces gènes sont connus actuellement et le criblage de banques de cDNA devrait permettre d'en identifier de nombreux autres. On pourrait alors rechercher si ces gènes présentent une expansion chez des schizophrènes, après amplification de la séquence considérée au moyen d'amorces scientifiques et, en particulier, ceux situés dans des régions candidates ou encore présentant un haut degré de polymorphisme. Cependant, plusieurs études de ce type ont rapporté des résultats négatifs. Ainsi, certains gènes porteurs de séquences de répétitions CAG ont conduit, chez des schizophrènes non apparentés ou au sein de formes familiales, à des résultats essentiellement négatifs comme par exemple :

– celles localisées au niveau du gène codant pour un canal calcique et potassique hSKCa3, intervenant dans la transmission de l'influx nerveux (situé sur le chromosome 1q21.3) ; elles sont responsables de la synthèse de polyglutamines (Bonnet-Brilhault *et al.*, 1999) ;

– celles localisées au niveau du gène codant pour MAB 21 L 1, intervenant dans le développement neuronal (situé sur le chromosome 13q13 dans la région 5' non traduite du gène) (Margolis *et al.*, 1996).

Il faut, en outre, souligner que la transmission des séquences de répétitions CAG situées en 1q21.3 ne montre pas d'instabilité intergénérationnelle, ce qui fait de cette répétition un candidat moins intéressant qu'initialement prévu pour la schizophrénie.

3. Une autre méthode, qui est basée sur la détection de séquences de polyglutamines, au moyen d'un anticorps monoclonal spécifique des longues séquences de polyglutamines (mab1c2), a été récemment proposée. Cette méthode, qui ne détecte que les expansions de type CAG supérieures à trente-deux et effectivement traduites, à partir de lignées cellulaires lymphocytaires, est attrayante en raison de sa simplicité. Cependant, les résultats sont peu concluants, en dehors de cas isolés de schizophrénie dont deux adultes et deux enfants schizophrènes respectivement nord-américains et afro-américains. Les séquences de répétitions détectées par cette méthode pourraient être les mêmes dans ces deux études, mais aucune répétition de CAG connue n'a pu être identifiée chez ces sujets.

L'anticorps peut également détecter des séquences de polyglutamines (exemple : *TATA binding protéine*) présentes chez le sujet normal, conduisant alors à des résultats faussement positifs. Une réplication de ces résultats, initialement prometteurs, dans des échantillons plus importants et dans des familles est indispensable. En outre, il faut souligner que les répétitions de type CAG dans les régions codantes ont surtout été décrites dans les maladies neurodégénératives. Or les hypothèses actuelles concernant la schizophrénie plaident davantage en faveur d'une hypothèse neurodéveloppementale.

CONCLUSION

L'accroissement plus ou moins important de répétitions de trinucléotides constitue une nouvelle forme dynamique de mutation de l'ADN dont le mode de transmission revêt des caractéristiques cliniques particulières comme l'anticipation.

Même si un phénomène d'anticipation est cliniquement observable au sein des familles de schizophrènes, surtout en ce qui concerne l'âge de début, les études de génétique moléculaire réalisées jusqu'alors n'ont pas mis en évidence, de façon convaincante, de répétitions de trinucléotides, tant dans des échantillons de schizophrènes non apparentés qu'au sein de familles de schizophrènes. Cependant, actuellement, on ne peut totalement exclure le rôle de ce type de mutations dans la schizophrénie, compte tenu de l'hétérogénéité génétique probable de cette maladie.

Un certain nombre de limites méthodologiques inhérentes aux études de génétique moléculaire ont ainsi pu contribuer à la négativité des résultats obtenus :
– l'hétérogénéité ethnique des populations. En effet, au sein de la population générale il existe des variations importantes dans la longueur des séquences de répétitions selon les ethnies ;
– la petite taille éventuelle des répétitions empêchant leur identification par la méthode RED ;
– le bruit de fond, créé par la fréquence importante de quelques longues séquences de répétitions stables dans la population générale, pourrait gêner le repérage de plus petites répétitions possiblement impliquées dans la schizophrénie ;
– la possibilité de l'implication de répétitions de trinucléotides non CAG, ou encore de tétra ou dodécanucléotides, nécessitant des techniques spécifiques pour les rechercher. En effet, des séquences pathogènes de répétitions de dodécamères (douze paires de bases) ont été rapportées à l'état homozygote dans l'épilepsie myoclonique progressive ;

– la nécessité d'étudier des échantillons de patients de très grande taille lors du screening systématique des loci impliqués dans d'autres maladies à mutations dynamiques ;
– le manque d'études ayant sélectionné des familles avec une anticipation très importante, comme celle constatée dans les familles où il existe des schizophrénies infantiles dans la deuxième génération.

Par ailleurs, on ne peut éliminer le rôle de biais impossibles à contrôler dans les études d'anticipation clinique positives dans la schizophrénie. Il s'agit en particulier de l'effet cohorte qui a été décrit par notre équipe dans la schizophrénie, mais également de la réduction importante de la fertilité qui a été observée dans les formes sévères de schizophrénie.

On ne peut cependant exclure le fait que l'anticipation cliniquement observée pourrait simplement être sous-tendue par l'accumulation de facteurs génétiques de vulnérabilité au cours des générations successives. Ceux-ci finiraient alors par atteindre un seuil au-delà duquel la maladie deviendrait apparente cliniquement.

Parallèlement, un phénomène d'anticipation a été observé dans d'autres maladies psychiatriques (comme le trouble bipolaire ou encore le trouble panique), et également dans des maladies non psychiatriques (certains diabètes insulinodépendants, les formes familiales de cancer colique ou du sein) alors même que, dans ces dernières, aucune mutation dynamique n'a jusqu'alors été confirmée. En outre, comme dans le diabète ou certains cancers, l'hypothèse d'une mutation située sur un gène contrôlant le déclenchement de la maladie et pouvant être associée à la mutation causale, mais différente de celle-ci, a été soulevée.

POUR EN SAVOIR PLUS

- Thibaut F, Martinez M, Petit M *et al.* Further evidence for anticipation in schizophrenia. *Psychiatr Res* 1995 ; 59 : 25-33.
- Di Maggio C, Martinez M, Ménard JF *et al.* Evidence of a cohort effect for age at onset in schizophrenia. *Am J Psychiatry* 2001 ; 158 (3) : 489-92.
- Schalling M, Hudson TJ, Buetow KH *et al.* Direct detection of novel expanded trinucleotide repeats in the human genome. *Nature Genet* 1993 ; 4 : 135-9.
- Margolis RL, Mc Innis MG, Rosenblatt A *et al.* Trinucleotide repeat expansion and neuropsychiatric disease. *Arch Gen Psychiatry* 1999 ; 56 : 1019-31.
- Vincent JB, Paterson AD, Strong E *et al.* The unstable trinucleotide repeat story of major psychosis. *Am J Med Genet* 2000 ; 97 : 77-97.

Recherche de marqueurs de vulnérabilité

L'existence d'une concentration familiale de la schizophrénie est classiquement admise. De nombreux auteurs ont proposé l'hypothèse d'un modèle de transmission polygénique et multifactoriel à seuil. Celui-ci comprend une composante génétique faisant intervenir plusieurs gènes et une composante environnementale, dont les interactions conduiraient le sujet à développer la maladie lorsque la combinaison des effets génétiques et environnementaux dépasse un certain seuil dit « de susceptibilité ».

Lorsque l'on tente d'identifier des gènes agissant dans ce contexte, l'analyse se heurte à l'absence de relation simple entre génotype et phénotype. En effet, toute modélisation de la contribution d'un gène particulier au déterminisme de la maladie doit prendre en compte l'existence de phénocopies (sujets porteurs du phénotype schizophrénie mais ne présentant pas l'anomalie génétique), ou encore de variantes dans la pénétrance ou l'expressivité du génotype « pathologique » pouvant éventuellement conduire à des phénotypes intermédiaires, ou pathologies du spectre, comme les personnalités schizotypiques ou les troubles schizoaffectifs. Une des difficultés des études génétiques réside ainsi dans la définition claire du statut (malade ou bien portant) pour chaque sujet inclus dans les études familiales, compte tenu de ces phénotypes d'expression incomplète.

Dans ce contexte, il ne faut pas s'étonner que les analyses de liaison génétique menées depuis une dizaine d'années aient échoué à localiser, de façon reproductible, des gènes impliqués dans le déterminisme de la maladie. En effet, la plupart de ces analyses repose sur une connaissance préalable du mode de transmission de la maladie, ce qui n'est pas le cas pour la schizophrénie. De plus, ces techniques nécessitent une bonne définition du phénotype permettant d'identifier de manière non équivoque le sujet comme malade ou sain. C'est de cette étape fondamentale dont dépend la validité des résultats. Or, il n'est pas encore possible, avec les outils diagnostiques actuels, de déterminer lequel propose la définition la plus valide du phénotype schizophrénie.

Même les méthodes d'analyse de liaison non paramétriques, développées plus récemment que la classique méthode des Lod-scores, ne peuvent s'affranchir du problème des phénocopies. Le risque de générer des résultats faussement négatifs est donc important. À l'inverse, la multiplication des hypothèses quant aux modèles de transmission, les différentes classifications cliniques utilisées, et l'utilisation simultanée de plusieurs marqueurs font courir le risque d'aboutir à des résultats faussement positifs, du fait de la multiplicité des tests statistiques utilisés. Pour toutes ces raisons, l'emploi de ces stratégies classiques semble peu adapté à l'étude d'une maladie à hérédité complexe telle que la schizophrénie. Une stratégie alternative consiste à étudier, comme phénotypes, des traits neurobiologiques élémentaires, ou « endophénotypes », associés à la maladie et stables dans le temps, quel que soit le stade évolutif de la maladie. L'hypothèse qui sous-tend cette approche est la suivante : différents facteurs génétiques de susceptibilité seraient responsables de différents phénotypes neurobiologiques mesurables qui, chacun à leur niveau, accroîtraient le risque de développer la maladie.

Cette approche présente au moins deux avantages pour les études génétiques :

– elle pourrait permettre d'identifier des sous-groupes de patients plus homogènes sur le plan des hypothèses génétiques ;

– ces phénotypes neurobiologiques intermédiaires ont une probabilité plus importante d'obéir à un déterminisme génétique plus simple.

PERSONNALITÉ SCHIZOTYPIQUE

La définition des limites du phénotype clinique de la schizophrénie est une difficulté majeure dans les études de génétique. Or le spectre de la schizophrénie n'a cessé de s'étendre au cours de ces dernières années. Au sein de celui-ci (défini au chapitre « Épidémiologie génétique »), figurent les troubles de personnalité regroupés dans le cluster A du DSM IV ; parmi ceux-ci, le trouble de personnalité schizotypique est celui qui, comparativement à la personnalité schizoïde (décrite par Kretschmer), semble le plus sous-tendu par des facteurs génétiques communs avec la schizophrénie. À ce titre, il revêt donc un intérêt tout particulier dans la recherche de marqueurs de vulnérabilité génétique à la schizophrénie.

Le terme de schizotypie a été crée par Rado, qui a condensé les termes de schizophrénie et de phénotype. Le trouble de personnalité schizotypique apparaît dans la classification américaine dès le DSM III. Il associe, *a minima*, des symptômes apparentés aux symptômes positifs et négatifs de la schizophrénie. Plusieurs échelles spécifiques de schizotypie ont ainsi été utilisées pour faire le diagnostic de trouble de personnalité schizotypique (*Schedule for Schizotypal Personality* de Baron et *Structural Interview for Schizotypy* de Kendler).

Dans la population générale, le pourcentage de sujets schizotypiques est d'environ 3 %, alors qu'il est compris entre 10 et 15 % chez les apparentés de sujets schizophrènes. Chez les apparentés de premier degré de sujets schizotypiques, le risque de développer une schizophrénie a été estimé à 4 à 5 % et celui de présenter une personnalité schizotypique est compris entre 9 et 18 %. La question posée est donc celle du lien, sur le plan génétique, entre schizophrénie et schizotypie.

Il pourrait ainsi s'agir, pour la schizotypie, soit d'une expression atténuée du phénotype de la schizophrénie soit, dans certains cas, d'une phénocopie.

Dans l'hypothèse de l'existence de facteurs de vulnérabilité communs entre schizotypie et schizophrénie, la recherche de ces facteurs chez les schizotypiques est tout à fait intéressante, car elle permet de s'abstraire des effets des neuroleptiques. La plupart des marqueurs de vulnérabilité étudiés, chez les schizophrènes et leurs apparentés sains, présente des perturbations qui sont également retrouvées, bien qu'à un degré moindre, chez les sujets schizotypiques.

En outre, l'étude conjointe, chez un individu donné, des marqueurs de vulnérabilité présents et de symptômes cliniques éventuels pourra probablement contribuer à améliorer la capacité à prédire chez lui le risque de développer une schizophrénie, notamment si ce sujet appartient à une famille comportant déjà un sujet schizophrène connu. Cette méthode de dépistage des sujets à haut risque pourra ainsi permettre la mise en place, chez ce sujet, de stratégies préventives adaptées.

ENDOPHÉNOTYPES ET TRAITS MENDÉLIENS LATENTS

Dès 1917, Bleuler écrivait : « la part de la schizophrénie, qui est transmise génétiquement, est liée à la part manifeste symptomatique par une longue chaîne causale dont la complexité est, en outre, augmentée par de nouveaux facteurs internes ou externes. Il ne faut donc pas s'étonner que nous ne parvenions pas à cerner la composante génétique si nous commençons par l'autre bout, par la pathologie manifeste ».

Ces dernières années, les progrès de la neuropsychologie ont permis de cerner un certain nombre de déficits cognitifs sous-tendant des aspects différents de la symptomatologie schizophrénique. Ces déficits, interprétables en termes de dysfonctionnement du traitement de l'information au sein de réseaux neuronaux, sont eux-mêmes une conséquence d'anomalies élémentaires au niveau neurochimique ou électrophysiologique. À ces derniers niveaux, il est possible de définir des marqueurs phénotypiques (on parle alors d'endophénotype par opposition au phénotype clinique qui, lui, est directement observable) dont les caractéristiques sont les suivantes :

– ces marqueurs sont associés à la maladie et témoignent de troubles élémentaires du traitement de l'information, prédisposant à l'expression de la symptomatologie morbide ;

– ils sont stables sur une période temporelle définie (ce qui permet des mesures reproductibles), et ils ne semblent pas être induits par les traitements neuroleptiques ;

– dans les familles de patients, ils sont présents chez des apparentés présentant une pathologie du spectre, ainsi que chez certains sujets cliniquement sains. Ils ne définissent donc qu'un facteur de vulnérabilité vis-à-vis de l'affection ;

– ils obéissent à un déterminisme génétique simple et la correspondance génotype-phénotype est plus claire. Matthysse *et al.* (1986) ont proposé de les conceptualiser comme des « traits mendéliens latents ».

Plusieurs marqueurs biologiques répondant à des degrés divers aux critères de marqueurs de vulnérabilité génétique à la schizophrénie ont été décrits ces dernières années. Les plus étudiés sont les troubles de la poursuite oculaire, les perturbations de l'inhibition (après habituation) de l'onde P50 des potentiels évoqués auditifs et les troubles de l'attention soutenue. Il a été suggéré que les deux premiers marqueurs se comportent comme des traits mendéliens latents, le mode de transmission étant dans les deux cas autosomique dominant. Toutefois, on ne peut exclure qu'une telle homogénéité du mode de transmission cache une hétérogénéité génétique sous-jacente et que le gène impliqué ne soit pas identique dans toutes les familles où le trait ségrège.

Nous aborderons également plus succinctement l'étude d'autres endophénotypes, cliniques ou neuroradiologiques, qui pourraient dans un avenir proche être intéressants à analyser dans les familles de patients schizophrènes.

MARQUEURS ÉLECTROPHYSIOLOGIQUES

Au cours des années 1980, de nombreux travaux ont abouti à l'hypothèse selon laquelle certains symptômes schizophréniques résulteraient d'une anomalie du filtrage sensoriel, cette surcharge d'informations sensorielles se traduisant secondairement par un déficit attentionnel et des troubles cognitifs. Plusieurs paradigmes ont ainsi été utilisés pour étudier cette anomalie de filtrage sensoriel.

FILTRAGE SENSORIEL ET ONDE P50

- **Aspects électrophysiologiques**

Afin de tester cette hypothèse, l'équipe de Freedman a développé un paradigme expérimental basé sur l'étude des mécanismes inhibiteurs neuronaux mis en jeu au cours de deux stimulations auditives identiques appliquées à très court intervalle. Le premier stimulus active les afférences excitatrices responsables de la réponse neuronale (réponse au stimulus conditionnant). Le premier stimulus active également des voies inhibitrices et, lorsqu'un second stimulus identique est perçu, ces dernières sont déjà activées et diminuent ainsi l'amplitude de la seconde réponse (réponse au stimulus test).

Les potentiels évoqués recueillis au niveau du scalp résultent des modifications de l'activité électrique cérébrale consécutives à l'application d'une stimulation sensorielle. Les potentiels évoqués auditifs dits de moyenne latence (survenant 40 à 60 millisecondes après le stimulus) et de survenue automatique en réponse à un stimulus auditif bref (clic) peuvent être mesurés au niveau du vertex. Il se caractérisent par la présence d'une onde positive, dite onde P50, car elle survient 50 millisecondes après le stimulus.

Ainsi, lorsque des paires de stimuli auditifs identiques sont présentées de façon répétée (500 millisecondes d'intervalle) et régulière à un sujet, on observe une diminution de l'amplitude de l'onde P50 d'au moins 50 % après le second stimulus chez le sujet normal. L'inhibition de l'onde P50 après le second stimulus auditif apparaît à la fin de l'adolescence et perdure, jusqu'à l'âge de 65 ans environ, sans altération majeure chez le sujet normal. Les données de la littérature concernant un effet éventuel du sexe sur le paradigme sont contradictoires avec, pour quelques auteurs, une moindre inhibition chez la femme. Les perturbations de l'axe noradrénergique se traduisant par une hyperactivité de celui-ci (épisode maniaque, stress important) peuvent s'accompagner de perturbations transitoires du paradigme de l'onde P50 (diminution de l'inhibition).

Chez les sujets schizophrènes, comparativement aux sujets contrôles, on observe une moindre diminution, voire une absence de diminution d'amplitude du potentiel survenant après le second stimulus. Freedman *et al.* ont montré que si l'on exprime ces résultats en ratio de l'amplitude de la seconde onde P50 sur la première, 94 % des sujets normaux ont un ratio (test/conditionning) T/C < 0,50, alors que 91 % des schizophrènes ont un ratio T/C > 0,50. La moyenne pour un sujet normal est de 0,18 ± 0,17, alors que pour les schizophrènes elle est de 1,0 ± 0,32. Pour certains auteurs, le déficit d'inhibition observé serait corrélé avec le déficit des processus attentionnels sélectifs mesurés.

Le déficit d'inhibition de l'onde P50 est observé à la fois dans les phases aiguës et lors des périodes de stabilité de la maladie. Un certain nombre d'études ne retrouvent pas de différence, en termes de déficit d'inhibition de l'onde P50, en fonction de la symptomatologie clinique mesurée, à l'aide de différentes échelles d'évaluation, des symptômes positifs et négatifs. Cependant, Boutros *et al.* retrouvent des ratios T/C plus élevés chez les schizophrènes indifférenciés et désorganisés comparés aux paranoïdes. Notre équipe a rapporté des valeurs moyennes de ratio T/C plus élevées chez des schizophrènes classés comme « négatifs » (à l'aide de l'échelle *Positive and Negative Syndrome Scale*) comparativement à des « non-négatifs » mais la proportion de ratios considérés comme anormaux (qualitativement) reste identique dans les deux groupes.

Bien que les schizophrènes non traités présentent une amplitude moindre des ondes P50 par rapport aux sujets contrôles et que le traitement neuroleptique classique normalise ces amplitudes, les deux ondes P50 sont également affectées, et le ratio reste anormal après traitement chez ces patients. En revanche, les neuroleptiques atypiques (et surtout la clozapine) améliorent le déficit d'inhibition de l'onde P50.

L'existence de perturbations du paradigme de l'onde P50 chez les sujets schizotypiques apporte des arguments complémentaires en faveur du caractère trait de ce marqueur.

- **Aspect génétiques**

Plusieurs études ont montré qu'une proportion significative des apparentés (symptomatiques ou non) de sujets schizophrènes présentait une défaillance des mécanismes de filtrage sensoriel (environ 50 % d'entre eux).

Waldo *et al.*, à partir de neuf familles comportant chacune plusieurs sujets schizophrènes, apportent des arguments en faveur d'un contrôle génétique de ce trait. Dans l'étude de Waldo, cette défaillance des mécanismes de filtrage sensoriel est retrouvée chez l'un des parents et chez environ 50 % des frères et sœurs, ce qui est compatible avec un mode de transmission autosomal dominant. Toutefois, il importe de souligner que ces résultats ont été obtenus sans que des critères stricts d'échantillonnage aient été utilisés, et peuvent donc être biaisés.

L'étude de modèles animaux a permis de mieux appréhender la physiopathologie de cette onde P50 et des mécanismes inhibiteurs cérébraux mis en jeu lors du paradigme expérimental. Chez le Rat, l'onde N40 (équivalent de l'onde P50) diminue également à la présentation du second stimulus auditif. Bicford *et al.* ont localisé les mécanismes de filtrage de l'onde N40 au niveau de la région CA3 de l'hippocampe. Par ailleurs, le blocage sélectif des récepteurs cholinergiques nicotiniques de type N2 et en particulier de la sous-unité alpha 7 diminue l'efficacité des mécanismes inhibiteurs, mimant les résultats obtenus chez les patients. Ces récepteurs nicotiniques sont situés au niveau des interneurones GABAergiques de l'hippocampe et du thalamus (lequel participe au filtrage des informations sensorielles à destination du cortex).

Dans une étude *post-mortem* réalisée chez l'homme, Freedman *et al.* ont objectivé une diminution de 40 % de la liaison de l'alpha bungarotoxine (ligand de la sous-unité alpha 7) dans la région CA3 de l'hippocampe chez des schizophrènes comparés à des sujets témoins. Chez les patients schizophrènes et leurs apparentés, la nicotine améliore transitoirement le déficit d'inhibition de l'onde P50. Or, les schizophrènes présentent une très forte prévalence de dépendance à la nicotine.

Il est donc tentant de spéculer que, chez l'Homme, une anomalie d'expression ou de structure du gène codant cette sous-unité alpha 7 puisse jouer un rôle dans la défaillance des mécanismes cérébraux inhibiteurs. Le locus du gène codant pour cette sous-unité est situé en 15q13-14. Une étude récente, portant sur neuf familles présentant plusieurs sujets schizophrènes, fait état d'une liaison génétique entre un polymorphisme, situé à proximité de ce gène, et l'absence de diminution, ou la faible diminution de l'onde P50 après le second stimulus. En outre, lorsque la schizophrénie débute dans l'enfance et qu'elle est associée à des perturbations du paradigme de l'onde P50, une étude retrouve les mêmes anomalies de P50, non plus chez un seul, mais le plus souvent chez les deux parents. Un faisceau d'arguments convergents confère donc à ce gène le statut de gène candidat responsable du déterminisme du trait.

Ce gène codant pour la sous-unité alpha 7 du récepteur nicotinique contient dix exons. Chez l'Homme, on distingue en outre un gène alpha 7-like issu d'une duplication partielle du premier (de l'exon 5 à l'exon 10), situé également sur le chromosome 15, et dont le nombre de copies est variable ; chez quelques sujets le gène dupliqué n'existe pas. Au niveau de l'exon 6 du gène dupliqué, une délétion de deux paires de bases a été décrite. Sa signification fonctionnelle est mal connue mais elle provoque l'apparition d'un codon stop au niveau de l'exon 7 et conduit probablement à une protéine tronquée. Nous avons comparé la fréquence de cette délétion, à l'aide d'une PCR semi-quantitative, chez des patients schizophrènes (70) et des sujets contrôles (77), chez lesquels le ratio T/C a été mesuré. Nous n'avons pas retrouvé d'association entre la schizophrénie et les différents génotypes décrits.

En revanche, la présence ou l'absence d'au moins une copie d'exon 6 délété est observée avec des fréquences différentes lorsqu'on compare les sujets présentant une absence d'inhibition dans le paradigme de l'onde P50 à ceux présentant une inhibition. La présence d'au moins une copie de la délétion de deux paires de bases semble constituer un facteur de risque, non pas pour l'apparition d'une schizophrénie, mais pour la présence d'un déficit d'inhibition de l'onde P50.

Cependant, chez les sujets témoins, la pénétrance du gène (probabilité de présenter l'anomalie de P50 lorsque la délétion est présente) est modérée (27 %), ce qui laisse penser que des facteurs de protection interviendraient. Par contre, chez les schizophrènes, la pénétrance est élevée (94 %) mais, en revanche, la probabilité de présenter une anomalie du paradigme de l'onde P50, en l'absence de la délétion, est de 87 % chez ces sujets comparativement à 6 % chez les sujets témoins ; ces résultats suggèrent ainsi l'absence de facteurs de protection chez les schizophrènes et l'implication probable d'autres causes dans le déficit de filtrage sensoriel observé (Raux *et al.*, 2002). L'équipe de Freedman vient de publier des résultats comparables aux nôtres avec d'autres polymorphismes situés dans la région promotrice (zone de régulation) du gène alpha 7 alors que notre étude concernait le gène alpha 7-like.

PREPULSE INHIBITION (PPI) OU INHIBITION DE LA RÉACTION DE SURSAUT

Ce paradigme constitue un autre index d'évaluation du filtrage sensoriel. Le principe de ce test repose sur la mesure de l'influence inhibitrice d'un faible stimulus (ou *prepulse*), administré une centaine de millisecondes avant un stimulus (le plus souvent auditif) déclenchant une réaction de sursaut. Chez l'Homme, la réaction de sursaut est mesurée à l'aide du clignement de paupière. Des anomalies de ce paradigme ont été rapportées chez les schizophrènes ainsi que chez leurs apparentés sains, et chez les sujets schizotypiques. L'influence des neuroleptiques, en particulier atypiques, sur le déficit observé chez les schizophrènes est importante. En outre, certaines études préliminaires rapportent une bonne concordance pour ce paradigme entre les jumeaux monozygotes ou entre frères et sœurs (schizophrènes ou non), ce qui apporte des arguments en faveur d'une héritabilité du PPI.

Chez le rat, des événements stressants précoces (tels qu'une séparation d'avec la mère ou un isolement social précoce) peuvent induire des déficits dans ce paradigme, qui dépendent de l'espèce de rat considérée. Des lésions néonatales de l'hippocampe ventral (« modèle de schizophrénie » de Lipska et Weinberger) peuvent se traduire par l'émergence ultérieure d'un déficit dans le paradigme du PPI chez le rat. Le système dopaminergique intervient dans ce paradigme.

Des souris transgéniques, avec des mutations de type alpha 2C-AR, ont été étudiées. Elles présentent peu de modifications comportementales alors qu'on constate des perturbations importantes dans le métabolisme de la dopamine et de la sérotonine. Les souris *knock-out* pour ce gène ont un déficit dans le paradigme du PPI. Par contre, les souris mutantes pour le gène du récepteur alpha-7 nicotinique n'ont pas de perturbations dans le paradigme du PPI, confirmant ainsi que les paradigmes du PPI et de l'inhibition de l'onde P50 correspondent, au moins sur le plan physiopathologique, et probablement sur le plan génétique également, à deux endophénotypes différents.

PERTURBATION DES MOUVEMENTS OCULAIRES (POURSUITE OCULAIRE LENTE ET PARADIGME DES ANTISACCADES)

Les mouvements de poursuite oculaire lente sont mis en jeu pour suivre des yeux une cible se déplaçant à moins de 40° par seconde. La cible vient se projeter sur la fovea de l'œil grâce au système saccadique, puis le système de poursuite lente stabilise l'image sur la fovea en calquant la vitesse de l'œil sur celle de la cible. Les études réalisées chez les sujets schizophrènes se sont focalisées sur la poursuite oculaire lente et sur le système saccadique.

Le système saccadique génère des mouvements oculaires qui permettent à l'œil de se déplacer rapidement pour aller d'une cible à une autre. Plusieurs types de saccades ont été décrits : des saccades volontaires (il s'agit de mouvements intentionnels des yeux destinés à regarder un tableau par exemple), réflexes (il s'agit de mouvements réflexes des yeux en réponse à un stimulus visuel d'apparition soudaine) et enfin spontanées. En général, les saccades apparaissent lorsque la cible se déplace de manière inattendue ; cependant, il existe également des saccades lors de la poursuite oculaire lente, en particulier pour corriger la position des yeux par rapport au mouvement de la cible, si nécessaire. Parfois, ces dernières peuvent au contraire perturber la poursuite oculaire lente, et des saccades intrusives, traduisant probablement une défaillance des mécanismes inhibiteurs, viennent alors altérer la poursuite oculaire.

- **Poursuite oculaire lente**

Dès 1908, Diefendorf et Dodge signalaient l'existence de troubles des mouvements de poursuite oculaire lente chez les schizophrènes. Ces anomalies ont été explorées de façon extensive depuis une trentaine d'années par de nombreux groupes qui ont pour l'essentiel confirmé les résultats obtenus par Holzman *et al.*, dès 1973. La poursuite oculaire lente (mesurée par une technique électro-oculographique ou par réflectométrie infrarouge) est habituellement caractérisée par le gain (rapport de la vélocité de l'œil par rapport à celle de la cible). Alors que chez les sujets normaux le gain de poursuite est proche de 1, il est significativement réduit chez les schizophrènes. Selon les études, ce trouble de la poursuite oculaire lente concerne 52 à 86 % des schizophrènes contre seulement 6 à 8 % de sujets issus de la population générale.

Cette anomalie est stable, indépendante de l'état clinique et du traitement neuroleptique (Campion, Thibaut *et al.*, 1992). Cependant d'autres psychotropes, tels que les antidépresseurs et les benzodiazépines, peuvent altérer la qualité de la poursuite. L'âge est une variable à prendre en compte puisqu'il a été montré que la poursuite se détériore à partir de 60 ans et que certains sujets âgés ont des scores qui se rapprochent de ceux observés chez les schizophrènes.

Des anomalies de la poursuite oculaire lente ont également été rapportées chez des patients présentant un trouble bipolaire mais pas chez leurs apparentés.

La réduction du gain observée chez les sujets schizophrènes a été rapportée par la majorité des auteurs à un dysfonctionnement du système de poursuite ; en effet, les saccades observées sont essentiellement des saccades de correction, tentant de pallier les défaillances ou le retard de la poursuite lente. Outre les difficultés à maintenir une poursuite oculaire lente correcte en présence de la cible, les sujets schizophrènes ont également un retard à l'initiation de la poursuite. La physiopathologie du trouble de la poursuite lente chez le schizophrène, ainsi que ses substratums anatomique et biochimique, restent encore difficiles à cerner. Cela est dû à la complexité des réseaux neuronaux qui gèrent de façon intégrée cette fonction ainsi qu'à l'absence de mesure analytique suffisamment précise pour déterminer, au sein d'une telle architecture cognitive, l'étape de traitement de l'information qui est déficiente. Différentes hypothèses ont été émises : dysfonctionnement de la mémoire de travail au niveau du cortex préfrontal (défaut d'activation de l'aire oculomotrice frontale), déficit fonctionnel du comparateur cerébelleux, dysfonctionnement des connexions entre le cortex frontal et les sources d'informations temporales et pariétales.

Diverses études ont fait état d'une prévalence des anomalies de la poursuite oculaire lente comprise entre 32 et 50 % chez les apparentés de premier degré de patients schizophrènes qui présentent des troubles de personnalité de type schizotypique, mais également, à un degré moindre, chez ceux qui sont indemnes de trouble psychiatrique.

Holzman *et al.*, étudiant des paires de jumeaux dont l'un au moins était schizophrène, ont rapporté un taux de concordance pour l'anomalie de poursuite de 80 % ou de 39 %, selon qu'il s'agissait respectivement de paires monozygotes ou dizygotes. Ce résultat a été corroboré par l'étude de Iacono, qui n'a porté que sur des paires de jumeaux non schizophrènes. Dans ce cas, les taux de concordance des monozygotes et des dizygotes étaient respectivement de 68 et de 35 %. Ces résultats suggèrent que des facteurs génétiques influencent les scores de poursuite, puisque la concordance pour le trait est meilleure au sein des paires monozygotes que dizygotes. Toutefois, elle n'atteint pas 100 % pour les paires monozygotes, ce qui implique que des facteurs environnementaux interviennent également. Grove *et al.*, à partir d'une analyse de ségrégation, font l'hypothèse qu'un gène majeur expliquerait deux tiers de la variance dans les scores de poursuite.

Enfin, Arolt *et al.* en 1996 ont montré l'existence d'une liaison génétique entre le trouble de poursuite lente et des marqueurs situés sur le bras court du chromosome 6 dans des familles de schizophrènes.

Parmi les saccades volontaires ou intentionnelles, deux types de paradigme ont été particulièrement utilisés pour les étudier dans la schizophrénie : le paradigme des antisaccades, et celui des saccades mémorisées.

- **Paradigme des antisaccades**

Au cours de ce paradigme, on demande au sujet de fixer une diode centrale et, lorsqu'une cible s'allume sur un côté aléatoirement à droite ou à gauche, de regarder le plus rapidement possible symétriquement du côté opposé. Cette tâche implique à partir d'une consigne mémorisée, la gestion de deux étapes : dans un premier temps, l'inhibition de la saccade réflexe non désirée et, dans un deuxième temps, la génération d'une saccade volontaire du côté opposé à la diode, encore appelée antisaccade. On analyse le nombre d'erreurs (nombre de fois où le sujet regarde du côté de la cible plutôt que du côté opposé), la latence de l'antisaccade et la précision de l'antisaccade lorsqu'elle est achevée. L'exécution de ce paradigme, qui est anormale chez les schizophrènes, nécessite l'intégrité des cortex préfrontal et pariétal (Pierrot-Deseilligny *et al.*).

Les liens entre les perturbations de la poursuite oculaire lente et les anomalies du paradigme des antisaccades demeurent mal connus. Nous n'avons pas retrouvé de corrélation entre les anomalies de poursuite oculaire lente et le déficit dans le paradigme des antisaccades dans notre population de patients schizophrènes non apparentés. La relation éventuelle, en termes de mécanisme physiopathologique, avec les saccades qui perturbent la poursuite oculaire lente est également mal connue. Ross *et al.* suggèrent, dans une étude portant sur un faible effectif (treize enfants de parents schizophrènes), que certains types de saccades anticipatoires, qui perturbent la poursuite oculaire lente, pourraient préexister à l'apparition d'une schizophrénie.

Des données récentes montrent qu'à l'instar de la poursuite lente, ce trait ségrège dans les familles, qu'il pourrait être sous contrôle génétique et constituer un marqueur de vulnérabilité pour la schizophrénie (Clementz *et al.*, 1994). En effet, environ 70 % des patients schizophrènes et 25 à 50 % de leurs apparentés de premier degré non schizophrènes ont de mauvaises performances au paradigme des antisaccades, et ce d'autant plus que le proband schizophrène présente de mauvaises performances aux antisaccades. Les sujets schizotypiques ont également des performances moindres comparativement aux témoins.

- **Saccades mémorisées**

Les saccades mémorisées sont générées volontairement par le sujet pour atteindre une cible. Celle-ci a été montrée, puis masquée pendant un certain délai à l'issue duquel le sujet doit générer une saccade pour atteindre la cible qui a été mémorisée. Quelques études, utilisant ce paradigme, ont été conduites chez les sujets schizophrènes et leurs apparentés. Une latence plus importante, des mouvements oculaires anticipatoires inappropriés plus fréquents (au cours du délai pendant lequel le sujet doit mémoriser la cible sans réaliser de mouvements oculaires) sont observés chez les schizophrènes et leurs apparentés, comparativement aux témoins.

- **Saccades réflexes**

Les saccades réflexes ne semblent pas altérées chez les sujets schizophrènes, suggérant ainsi que les perturbations observées dans le paradigme des antisaccades reflètent davantage un dysfonctionnement du cortex préfrontal qu'une perturbation du système des saccades lui-même.

MARQUEURS NEUROPSYCHOLOGIQUES

Les troubles attentionnels sont parmi les marqueurs neuropsychologiques les plus étudiés. L'évaluation des troubles attentionnels est surtout basée sur l'étude du traitement de l'information visuelle et utilise, en particulier, le *Continuous Performance Test* (CPT) et le *Span of Apprehension Test* (SOA). D'autres aspects des dysfonctionnements neuropsychologiques observés chez les schizophrènes, comme les perturbations des fonctions exécutives, ont également été analysés en tant que marqueurs de vulnérabilité mais les résultats sont plus controversés.

Nous détaillerons seulement la mesure du déficit de l'attention soutenue à l'aide du CPT.

Différentes versions du CPT ont été étudiées (Nuechterlein, 1991 ; Cornblatt et Keilp, 1994...). Le principe, commun aux différentes versions, repose sur le fait de demander au sujet de reconnaître une cible préalablement déterminée parmi un ensemble de stimuli se succédant brièvement, avec une fréquence assez rapide, sur un écran d'ordinateur (environ un stimulus par seconde). Il s'agit ainsi pour le sujet de discriminer un stimulus cible parmi des séquences de stimuli distracteurs.

Dans la version CPT-X, la cible est un stimulus unique qui peut être une lettre ou un chiffre. Dans la version CPT-AX, la cible est représentée par deux stimuli successifs, par exemple une lettre ou un chiffre, précédés d'une autre lettre ou d'un autre chiffre.

Ces versions peuvent voir leur difficulté de réalisation accrue par des artefacts méthodologiques portant sur la présentation des stimuli, comme par exemple le CPT dégradé, ou le CPT à paires identiques où le sujet doit répondre au deuxième stimulus lorsqu'il est précédé par un premier stimulus identique. Les versions plus complexes (CPT-AX ou CPT-IP) font davantage appel à la mémoire de travail comparativement à la version CPT-X, alors que la version dégradée du CPT mobilise prioritairement des capacités sensorielles de reconnaissance précoce des stimuli.

La sensibilité (d') qui est mesurée reflète la capacité qu'a le sujet à discriminer le stimulus cible parmi les autres stimuli (nombre de bonnes réponses). Il s'agit du critère qui est en général retenu pour évaluer le déficit attentionnel. Le critère réponse (Lnβ) évalue la quantité de preuves perceptives nécessaires au sujet pour reconnaître le stimulus comme une cible.

Le CPT a été validé à partir de l'adolescence mais les performances se dégradent progressivement avec l'âge. Un bon niveau socio-culturel améliore les performances. Dans la version dégradée du CPT, les hommes ont des résultats meilleurs, comparativement aux femmes. Compte tenu de ces éléments, il est donc impératif d'ajuster les performances recueillies au CPT en tenant compte de l'âge, du sexe et du niveau d'éducation. Chez les patients schizophrènes, les performances au CPT sont moins bonnes que celles obtenues chez les témoins. Cependant, la stabilité du déficit mesuré, en fonction du stade évolutif de la maladie (phase aiguë ou période de stabilité) ou en fonction du type de traitement neuroleptique, dépend de la version du CPT utilisée. Il semble que, plus la version fait appel à la mémoire de travail, plus le déficit persiste et moins il est sensible à l'évolution de la maladie ou au traitement. La plupart des études examinant les relations entre les performances au CPT et les dimensions cliniques des symptômes montrent des performances moindres lorsque les symptômes négatifs, voire déficitaires, sont prédominants, ou encore lorsque les troubles du cours de la pensée ou la désorganisation sont importants.

Chez les sujets schizotypiques, les performances obtenues au CPT sont inférieures à celles obtenues chez des sujets contrôles.

Des données récentes montrent que ce trait pourrait être sous contrôle génétique et constituer un marqueur de vulnérabilité à la schizophrénie. En effet, des performances moindres sont observées chez les apparentés sains de sujets schizophrènes. Chez ces derniers, plus les versions du CPT utilisées sont complexes, plus le déficit est évident. Chen *et al.*, en 1998, ont comparé 148 apparentés sains de schizophrènes et 345 témoins. En considérant une limite à trois déviations standard (DS) par rapport à la moyenne obtenue dans la population générale, 19 % des apparentés ont des résultats supérieurs à 3 DS par rapport à la population générale avec la version CPT non dégradée, contre 34 %, avec une version dégradée du CPT. Les performances au CPT des apparentés sains sont plus altérées lorsque le proband schizophrène présente aussi une altération des indices mesurés avec le CPT.

L'héritabilité de la sensibilité (d') du CPT a été évaluée, dans les fratries non atteintes de schizophrènes, à 0,79. Chez les parents non atteints de sujets schizophrènes, elle a été évaluée entre 0,48 et 0,62. Chez les sujets normaux, elle est comprise entre 0,39 et 0,49 pour la version CPT-IP.

Une étude très récente émanant de l'équipe de Nuechterlein, utilisant la version dégradée du CPT, a retrouvé des performances significativement inférieures chez les parents d'enfants ayant débuté leur schizophrénie dans l'enfance, comparativement aux parents de sujets témoins ou aux parents d'enfants hyperactifs.

Une altération des performances au CPT a également été rapportée chez les patients bipolaires ou lors des épisodes dépressifs majeurs associés à des symptômes psychotiques, mais le déficit s'améliore à distance de l'épisode aigu. Il s'agit alors dans ces cas d'un marqueur « état » non spécifique.

MARQUEURS CLINIQUES

Des marqueurs cliniques tels que l'anhédonie, les modifications de la sensibilité à la douleur ou encore la présence de signes neurologiques mineurs, mériteraient également d'être davantage étudiés, afin de savoir s'ils peuvent être considérés comme des marqueurs traits de vulnérabilité. Nous présenterons les résultats concernant l'anhédonie et les signes neurologiques mineurs qui ont été les plus étudiés.

ANHÉDONIE

Depuis les travaux de Bleuler, le trouble de l'affectivité est considéré comme un symptôme fondamental de la schizophrénie, issu directement du processus pathologique. Il serait même, avec la perte de l'élan social et l'alogie, un facteur conditionnant le pronostic évolutif. Cependant, la difficulté à établir des critères diagnostiques opérationnels pour le définir a conduit pendant longtemps les psychiatres à s'attacher à l'étude de symptômes accessoires, tels que le délire et les hallucinations.

À la suite des travaux de Meehl, en 1962, puis de la mise au point d'échelles d'évaluation par Chapman en 1976, l'anhédonie (ou perte de la capacité à éprouver du plaisir), qui est une expression du trouble de l'affectivité, a été récemment étudiée chez les sujets schizophrènes. Environ un tiers d'entre eux présentent une anhédonie importante. L'anhédonie serait un trait stable dans le temps.

Certaines données préliminaires plaident en faveur de l'utilisation de l'anhédonie en tant que marqueur trait d'une vulnérabilité à la schizophrénie. En effet, selon Katsanis, les apparentés sains de sujets schizophrènes présentent des scores d'anhédonie physique et sociale intermédiaires entre ceux observés chez les sujets sains et ceux décrits chez les schizophrènes. La concordance pour les scores d'anhédonie serait également meilleure chez les jumeaux monozygotes comparativement aux jumeaux dizygotes.

SIGNES NEUROLOGIQUES MINEURS

Des anomalies neurologiques discrètes ont été décrites chez les sujets schizophrènes, et interprétées comme un témoin précoce d'un trouble neurodéveloppemental dont l'expression psychiatrique apparaîtrait lors de la fin de la période d'adolescence, sous la forme d'une schizophrénie.

Les symptômes neurologiques ainsi décrits intéressent habituellement trois registres :
– *l'intégration sensorielle* (extinction sensitive bilatérale, altérations de l'intégration audio-visuelle, agraphesthésie, confusion droite gauche, astéréognosie, etc.) ;
– *la coordination motrice*. Les perturbations sont surtout observées dans la réalisation de tâches complexes et se traduisent par des troubles de l'équilibre, une démarche perturbée, un tremblement intentionnel, etc. Elles peuvent être

mises en évidence lors de l'exécution rapide d'épreuves telles que la manœuvre d'opposition du pouce par rapport aux autres doigts, la manœuvre qui consiste à mettre un doigt sur le nez, ou encore lors de la réalisation de mouvements rapides et alternés tels que l'épreuve des marionnettes, ou l'épreuve qui consiste à présenter successivement et rapidement la paume puis le poing et enfin la tranche de la main ;

– *la persistance de réflexes primitifs* (grasping, réflexe de succion, etc.).

Leur prévalence, si l'on considère l'existence d'au moins une anomalie neurologique mineure, varie entre 20 et 97 % chez les schizophrènes dès le premier épisode psychotique, comparativement à 5 à 50 % chez les sujets témoins.

Les apparentés sains de patients schizophrènes ainsi que les enfants de schizophrènes ont plus de perturbations neurologiques que les sujets témoins (en particulier en ce qui concerne l'intégration sensorielle). Le lien entre ces anomalies neurologiques et leur systématisation anatomique n'est pas bien établi. De même, le rôle des perturbations de la latéralisation constatées chez les schizophrènes (prévalence plus élevée de sujets gauchers ou ambidextres) dans ces anomalies neurologiques mineures n'est pas clair.

MARQUEURS NEURORADIOLOGIQUES

Parmi les données neuroradiologiques obtenues chez les patients schizophrènes, la réduction du volume de l'hippocampe (droit et gauche) d'environ 5 % est l'une des plus robustes. Cette diminution, observée dès le premier épisode de la maladie, semble peu évolutive au cours du temps. Une réduction de volume moindre a également été observée chez les apparentés sains de sujets schizophrènes et chez des enfants de parents schizophrènes, plaidant ainsi en faveur d'un marqueur trait. Chez les jumeaux monozygotes discordants pour la schizophrénie, la taille du volume de l'hippocampe est plus faible chez les jumeaux exprimant la schizophrénie. Cette diminution de taille pourrait être associée à une réduction du nombre de neurones, qui se ferait surtout au détriment des interneurones qui sont majoritairement

GABAergiques. La substance blanche pourrait également être réduite.

Cependant, la réduction du volume de l'hippocampe est observée également dans d'autres pathologies telles que l'alcoolisme, l'état de stress post-traumatique et certaines dépressions.

Sur le plan fonctionnel, des anomalies métaboliques et fonctionnelles ont été décrites au niveau de l'hippocampe lors de l'activation de la mémoire pour retrouver des souvenirs ou encore lors de la production d'hallucinations.

COMBINAISON DE MARQUEURS

Des tentatives d'analyses de phénotypes composites, associant plusieurs marqueurs de vulnérabilité, ont aussi été réalisées. Environ 65 % des sujets schizophrènes, 50 % de leurs apparentés sains et 80 % des sujets schizotypiques auraient ainsi une bonne concordance pour l'existence ou non d'altérations dans le paradigme des antisaccades et dans celui de l'inhibition de l'onde P50 des potentiels évoqués auditifs, alors qu'il n'existe pas de corrélations entre le paradigme de l'onde P50 et celui du PPI, ou encore entre les anomalies de la poursuite oculaire lente et le paradigme de l'inhibition de l'onde P50.

L'existence de corrélations entre différents marqueurs de vulnérabilité présente un double avantage :

– une meilleure définition des sujets à risque, au sein des apparentés de schizophrènes ;

– la possibilité de privilégier l'étude de certains marqueurs par rapport à d'autres chez les schizophrènes, lorsque certains d'entre eux sont altérés par l'âge ou encore par la prescription de neuroleptiques atypiques.

CONCLUSION

Au sein de l'ensemble des marqueurs de vulnérabilité étudiés, ceux qui se rapprochent le plus des critères définissant un marqueur trait sont probablement : l'étude des mouvements oculaires et la mesure de l'inhibition de l'onde P50 des potentiels évoqués auditifs après stimulation auditive répétée. L'étude de ces endophénotypes, plus élémentaires, permet d'ores et déjà de disposer d'un phénotype simplifié et quantifiable, et en conséquence de réduire le nombre de gènes potentiellement impliqués, facilitant ainsi leur identification.

La recherche d'une vulnérabilité à la schizophrénie pourrait également tirer bénéfice de modèles animaux. En effet, l'analyse comportementale de souris *knock-out* pour des gènes spécifiques permettra sans doute de mieux comprendre le rôle de certains gènes, et les relations entre ces gènes et des phénotypes élémentaires associés à la schizophrénie (par exemple : les anomalies du paradigme de l'onde P50 et le gène du récepteur alpha 7 nicotinique, ou encore le déficit de l'inhibition de la réaction de sursaut ou PPI et les gènes impliqués dans le système dopaminergique).

POUR EN SAVOIR PLUS

- Chen WJ, Faraone SV. Sustained attention deficits as markers of genetics susceptibility to schizophrenia. *Am J Med Genet* 2000 ; 97 (1) : 52-7.
- Raux G, Bonnet-Brilhault F, Louchart S *et al.* The 2 bp deletion in exon 6 of the « alpha 7-like » nicotinic receptor subunit gene is a risk factor for the P50 sensory gating deficit. *Mol Psychiatry* 2002 ; 7 (9) : 1006-11.
- Dazzan P, Murray RM. Neurological soft signs in first episode psychosis : a systematic review. *Br J Psychiatry* 2002 ; 181 (S43) : 50-7.
- Heckers S. Neuroimaging studies of the hippocampus in schizophrenia. *Hippocampus* 2001 ; 11 : 520-8.

Conclusion

L'existence d'une concentration familiale de la schizophrénie est classiquement admise. Il convient d'insister sur le fait que le mode de transmission de la maladie est clairement non mendélien et que les analyses de ségrégation n'ont jamais pu conclure à l'implication d'un gène majeur. De nombreux auteurs ont, en conséquence, proposé l'hypothèse d'un modèle de transmission multifactoriel à seuil. Celui-ci comprend une composante génétique faisant intervenir plusieurs gènes (ayant chacun, individuellement, un effet mineur), et une composante environnementale dont les interactions conduiraient le sujet à développer la maladie, lorsque la combinaison des effets génétiques et environnementaux dépasse un certain seuil dit « de susceptibilité ».

Dans un tel modèle aucun facteur pris isolément n'est, dans l'état actuel des connaissances, ni indispensable, ni suffisant pour faire apparaître la maladie. En outre, un même gène peut avoir des effets multiples (pléiotropie). De surcroit, certaines interactions entre les différents gènes en cause peuvent être additives (chaque gène contribue ainsi à la maladie), ou encore épistatiques (un gène n'intervient dans l'expression de la maladie que si un autre gène a déjà exprimé sa contribution à la maladie au préalable). Or, les outils d'analyse statistique dont nous disposons actuellement sont peu adaptés à la prise en compte des interactions complexes entre les gènes.

Ce modèle, multifactoriel et polygénique à seuil, introduit la notion d'une continuité entre la normalité et la schizophrénie. L'apparition d'une schizophrénie dépendrait ainsi du nombre de facteurs de vulnérabilité présents et de leurs interactions chez un individu donné. Ainsi peut-on définir une vulnérabilité génétique à la maladie, qui serait présente chez un certain nombre de sujets (dans les familles de schizophrènes, ou au sein de la population générale). Cette vulnérabilité pourrait n'avoir aucune traduction clinique, elle pourrait également se manifester sous forme de troubles de la personnalité appartenant au spectre de la schizophrénie (comme la personnalité schizotypique), ou encore se traduire par l'apparition d'une schizophrénie. L'expression clinique de cette vulnérabilité dépendrait du poids des facteurs génétiques, de l'importance des facteurs environnementaux et des facteurs de stress, et enfin de la présence éventuelle d'autres facteurs génétiques et/ou environnementaux protecteurs ou, au moins, modérateurs.

Une des difficultés majeures, lorsqu'on aborde la génétique par le phénotype clinique « schizophrénie », est bien celle de la définition même du phénotype, dans l'hypothèse d'un continuum allant de l'individu sain à l'individu atteint de la maladie. Or, de la définition du phénotype dépend fondamentalement la validité des résultats.

Comme le soulignait déjà Bleuler, il y a un siècle, aborder la génétique de la schizophrénie par les symptômes cliniques manifestes n'a que de faibles chances d'aboutir, dans la mesure où ceux-ci sont certainement reliés à la maladie par une longue chaîne causale faisant intervenir, à chacun des niveaux, de multiples facteurs génétiques. Certains auteurs ont ainsi préconisé l'utilisation de certains symptômes cliniques, préférentiellement à des syndromes ou à des maladies. Pourtant, de nombreuses études cliniques ont montré le manque de stabilité des symptômes cliniques (tels que les symptômes positifs ou négatifs) au cours du temps, ce qui ne plaide pas en faveur de leur utilisation dans les études génétiques. À l'inverse, certains auteurs reviennent, après un siècle de controverses, au concept de psychose unique, qui pourrait aller des symptômes psychotiques observés dans la dépression à la schizophrénie, en passant par la psychose maniaco-dépressive (appelée également « trouble bipolaire ») et les troubles schizo-affectifs. Un certain nombre de régions candidates communes entre la schizophrénie et la psychose maniaco-dépressive ont d'ailleurs été identifiées (jusqu'à 50 % des régions candidates pour les deux maladies présenteraient des zones de recouvrement).

Actuellement, il paraît plus opportun de s'intéresser, au contraire, à des phénotypes plus élémentaires (neurobiologiques, électrophysiologiques, ou encore neuro-psychologiques), héritables et associés à la maladie, car ceux-ci obéissent à un déterminisme génétique plus simple.

La mise au point de techniques de génétique moléculaire de plus en plus performantes, autorisant l'étude simultanée de très nombreux marqueurs répartis dans tout le génome, a soulevé de nombreux espoirs chez les chercheurs dans le domaine de la schizophrénie. Cependant, jusqu'à maintenant, et probablement du fait de la mauvaise définition du phénotype, ou encore du fait de l'absence de définition de régions d'intérêt dans le génome, aucune découverte génétique majeure n'a été faite à partir de ces techniques. En effet, la caractérisation préalable de régions, ou de gènes candidats, paraît beaucoup plus prometteuse que le *screening* systématique du génome. Ainsi peut-on définir des régions d'intérêt ou des gènes candidats à partir :

– des hypothèses biochimiques ou neurodéveloppementales (voire même neurodégénératives dans quelques cas) soulevées dans la schizophrénie ;

– de l'étude génétique de phénotypes intermédiaires (biologiques, électrophysiologiques ou neuropsychologiques) quantifiables, héritables et associés à la maladie ;

– de l'étude de remaniements chromosomiques associés à des maladies comportant des symptômes schizophréniques. Cette dernière stratégie nous a d'ailleurs permis d'identifier un remaniement chromosomique associé à la schizophrénie.

En outre, l'hétérogénéité étiologique probable de cette maladie, ainsi que le nombre élevé de facteurs génétiques impliqués (si l'on retient l'hypothèse d'un modèle polygénique, avec une grande variété de combinaisons possibles entre les facteurs génétiques), et enfin la prévalence, vraisemblablement élevée dans la population générale, de chacun des facteurs génétiques considéré individuellement, ont fortement compliqué la tâche des généticiens.

D'ailleurs, cette probable hétérogénéité génétique laisse place à d'autres types de causes génétiques, comme par exemple l'existence possible, mais non démontrée, de mutations dynamiques dans une minorité de cas de schizophrénie.

Cependant, il faut insister sur la nette prédominance, dans cette maladie, des formes sporadiques (90 % de cas). Le faible contingent de formes familiales (qui demeure constant depuis une cinquantaine d'années) laisse penser que la plupart des mutations apparaissent *de novo*, sous l'influence de facteurs environnementaux (âge paternel plus élevé au moment de la conception...) ou génétiques (réservoirs de mutations dans le génome...), ou encore que l'influence de certains facteurs environnementaux, potentiellement pathogènes, est croissante (usage plus fréquent de substances toxiques...) et pourrait favoriser l'apparition de la maladie chez des sujets à risque génétique, voire même être responsable de la maladie (il s'agit alors de phénocopies).

Enfin, il ne faut pas perdre de vue que, outre l'intérêt dans la compréhension de la physiopathologie de la maladie que pourra représenter l'identification de facteurs génétiques, l'objectif principal des recherches est avant tout celui d'améliorer les symptômes présentés par le patient, voire même, idéalement, de prévenir la maladie. En effet, lorsque des facteurs de risque génétique seront identifiés, il sera alors permis d'envisager la mise en place de stratégies préventives, chez des sujets considérés comme à risque de développer la maladie, sous réserve que la valeur prédictive de ces facteurs, à l'échelon individuel, soit évaluée. Cette dernière notion prendra probablement un certain temps à l'instar de pathologies comme la démence dans laquelle, bien que le rôle délétère de l'allèle E_4 de l'apolipoprotéine E ait été clairement mis en évidence, la valeur prédictive de la présence de cet allèle pour l'apparition d'une démence, à l'échelon individuel, ne s'exprime qu'en termes de probabilité.

POUR EN SAVOIR PLUS

- Dalery J, d'Amato T. *La schizophrénie. Recherches actuelles et perspectives*, 2e ed. Paris : Masson, 1999, 285 p.
- Hardy-Baylé MC, Olivier V, Sarfati Y *et al.* Approches contemporaines de la clinique des troubles schizophréniques. *Encycl Med Chir Psychiatrie* 1996 ; 37-282-A-20.
- Grivois H, Grosso L. *La schizophrénie débutante.* Paris : John Libbey Eurotext, Pathologie-Science, 1998, 218 p.
- Plomin R, DeFries JC, McClearn GE *et al. Des gènes au comportement. Introduction à la génétique comportementale*, 3e ed. Bruxelles : DeBoeck Université, 1998, 482 p.

Glossaire

ADN ou acide désoxyribonucléique : *molécule composée de deux hélices qui code l'information génétique. Les deux brins sont reliés ensemble par des liaisons hydrogène entre des paires de bases, adénine avec thymine, et cytosine avec guanine.*

Allèle : *partie d'un des deux gènes d'une paire de chromosomes ayant un homologue sur l'autre gène. Chacune des deux parties a un emplacement identique sur chacun des deux gènes (locus A1 ou A2).*

Anticipation : *tendance à l'accroissement de la sévérité ou à la précocité de l'apparition d'une maladie, au fil des générations successives d'une même famille. Ces dernières années, des bases moléculaires associées au phénomène clinique d'anticipation ont été identifiées. Il s'agit de mutations dynamiques (expansions de séquences répétées d'ADN).*

Apparentés : *sujets appartenant à la même famille et partageant un patrimoine génétique commun.*

ARN messager (ARNm) ou acide ribonucléique : *ARN transcrit à partir d'un gène qui va quitter le noyau de la cellule et servir de matrice à la synthèse des protéines dans le cytoplasme.*

Association allélique : *association entre la fréquence d'un allèle et un phénotype donné. Habituellement, il s'agit de la* *comparaison d'un groupe de malades non apparentés avec un groupe de témoins, issus d'une population de même origine géographique.*

Autosome : *définit tout chromosome à l'exception des chromosomes sexuels. Il y a vingt-deux paires d'autosomes chez l'Homme.*

Cellules somatiques : *toutes les cellules du corps à l'exception des gamètes.*

Ciblage de gènes : *mutations créées sur un gène spécifique et pouvant être transférées dans un embryon.*

Codon : *séquence de trois nucléotides consécutifs dans une molécule d'ARNm qui, au cours de la traduction, fixe chaque molécule d'ARN de transfert portant un anticodon complémentaire et détermine la mise en place d'un acide aminé à l'extrémité de la chaîne protéique en cours de constitution.*

Concordance : *présence d'un caractère donné chez deux membres d'une même famille, comme par exemple des jumeaux.*

Crossing-over : *échange réciproque de matériel génétique entre chromosomes homologues, survenant en général au moment de la méiose au niveau des chiasmas. C'est le mécanisme responsable des recombinaisons génétiques.*

Dizygotes : *jumeaux issus de deux ovules différents.*

Dominant : *allèle qui produit un phénotype donné quand il est présent à l'état hétérozygote.*

Effet cohorte : *modifications de l'âge de début, de la sévérité ou de l'incidence d'une maladie, à l'échelle d'une population entière, au cours des décennies successives.*

Empreinte génomique : *mécanisme par lequel un allèle présent à un locus donné est exprimé différemment, selon qu'il est transmis par le père ou la mère.*

Épistasie : *interaction non additive entre des gènes présents à différents loci (ou emplacements sur un chromosome).*

Exon : *séquence d'ADN transcrite en ARN messager et traduite en protéine.*

Gamète : *cellule reproductive (spermatozoïde ou ovule) contenant un seul exemplaire de chaque chromosome.*

Gène : *séquences de bases d'ADN codant pour une protéine donnée, les séquences régulatrices de la transcription sont également incluses. Le génome est constitué de tout l'ADN ou de l'ensemble des gènes d'un individu.*

Génotype : *il est défini, pour un individu, par des allèles présents à un locus donné sur les deux chromosomes homologues.*

Germains : *frères et sœurs.*

Haplotype : *ensemble d'allèles suffisamment liés entre eux pour être transmis comme une seule unité.*

Héritabilité : *probabilité pour qu'un phénotype soit transmis héréditairement par l'intermédiaire de gènes.*

Hétérozygotie : *présence d'allèles différents à un locus donné sur les deux membres d'une paire de chromosomes.*

Homozygotie : *présence du même allèle à un locus donné sur les deux chromosomes homologues.*

Incidence : *nombre de nouveaux cas apparus chez 1 000 personnes concernées pendant une période de temps donnée (le plus souvent une année).*

Intron : *séquence d'ADN à l'intérieur d'un gène transcrite en ARN messager mais épissé ou excisé avant sa traduction.*

Knock-out : *gène rendu inactif par la création d'une mutation qui peut être transférée dans un embryon.*

Liaison génétique : *coségrégation de deux ou plusieurs allèles au cours des générations, en raison de la proximité de leur locus sur le génome.*

Locus : *emplacement d'un segment d'ADN sur un chromosome, défini par son contenu (gène) ou sa séquence.*

Lod-score : *logarithme décimal du rapport de la vraisemblance de la liaison entre deux locus pour une distance génétique donnée et de la vraisemblance de la non-liaison.*

Marqueur génétique : *locus polymorphe permettant de différencier des individus au niveau génétique.*

Méiose : *désigne les deux divisions cellulaires des cellules germinales qui constituent le stade ultime de la gamétogénèse et aboutissent à ce que chaque gamète ne contienne qu'un seul exemplaire de chaque paire de chromosomes.*

Méthode RED : *elle consiste à détecter l'accroissement de répétitions de triplets à l'aide d'oligonucléotides complémentaires de l'ADN constitués de répétitions de triplets, liés entre eux par une ligase. Cette méthode permet de repérer des expansions de séquences, principalement de type CAG ou CGG, sans fournir jusqu'alors d'indication sur la localisation de celles-ci dans le génome.*

Monozygotes : *jumeaux dérivant d'un seul ovule.*

Mutation : *modification héréditairement transmissible dans les séquences de paires de bases de l'ADN.*

Pénétrance : *proportion d'individus qui, avec un génotype donné, présentent les caractéristiques phénotypiques attendues.*

Phénocopie : *sujet présentant le phénotype considéré sans l'anomalie génétique.*

Phénotype : *apparence ou caractéristique physique, clinique ou biologique d'un individu résultant du génotype ou de l'environnement.*

Pleiotropie : *effets multiples d'un gène.*

Polymorphisme : *présence de plusieurs allèles pour un locus donné dans une population.*

Prévalence : *elle correspond au nombre de cas pathologiques observés chez 1 000 personnes de la population concernée, à un moment donné ou sur une période définie (lorsqu'il s'agit de la vie entière, la prévalence est approximativement égale au risque morbide) ; étant donnée la nature souvent chronique mais non mortelle de la schizophrénie, seules de légères différences apparaissent entre la prévalence vie entière et la prévalence ponctuelle.*

Proposant : *sujet qui, dans une famille, sert de référence pour l'observation des autres membres.*

Récessif : *allèle qui produit un phénotype particulier, seulement lorsqu'il se trouve à l'état homozygote.*

Récurrence : *fréquence avec laquelle la maladie est observée chez les apparentés dans les formes familiales.*

Ségrégation : *mécanisme par lequel deux allèles présents à un locus donné sur le chromosome se séparent lors de la transmission héréditaire.*

Séquence d'ADN : *enchaînement de paires de bases sur un simple brin de la double hélice d'ADN.*

Traduction : *assemblage d'acides aminés en une chaîne protéique sur la base de l'information codée par l'ARN messager.*

Transcription : *synthèse d'une molécule d'ARN à partir de l'ADN.*

Transgénique : *qui contient un fragment d'ADN étranger.*

Transmission Disequilibrium Test : *étude d'association conduite dans des familles incluant le proposant et ses deux parents.*

Zygote : *cellule résultant de l'union d'une ovule et d'un spermatozoïde.*

Index

F

G

H

I

L

M

N

P

R

S

DANS LA MÊME COLLECTION

Les malades de l'alcool, B. Rueff, 1995.

Les vertiges et le praticien, P. Tran Ba Huy et C. de Waele, 1996.

Comment gérer la maladie veineuse ?, C. Garde, 1996.

Utilisation des facteurs de croissance hématopoïétiques, H. Dombret, 1996.

Épilepsies en questions, M. Baldy-Moulinier, 1997.

Les troubles dépressifs, F. Rouillon, 1997.

Les hypercholestérolémies, E. Brückert et D. Thomas, 1997.

La prostate, R.O. Fourcade, 1997.

La sclérose en plaques, O. Lyon-Caen et M. Clanet, 1997.

Le guide du sommeil, M.F. Vecchierini, 1997.

Corticoïdes et corticothérapie, B. Wechsler et O. Chosidow, 1997.

La maladie d'Alzheimer, J.J. Hauw, 1997.

Le système rénine-angiotensine et la progression de l'insuffisance rénale, D. Cordonnier, P. Zaoui et N. Bourmeyster, 1997.

Le reflux gastro-œsophagien, G. Cadiot, 1998.

La thrombose coronaire et ses traitements, G. Montalescot, 1998.

Les maladies inflammatoires chroniques de l'intestin, J.C. Rambaud, 1998.

La migraine, H. Massiou, 1998.

La schizophrénie débutante, H. Grivois et L. Grosso, 1998.

L'insuffisance cardiaque, J.P. Broustet, 1999.

Les infections urinaires de la femme, F. Leconte, 1999.

La prévention de la maladie coronaire, J. Delaye, 1999.

La gonarthrose, B. Amor, 1999.

La polyarthrite rhumatoïde de l'adulte, J. Sany, 1999.

Décisions vasculaires. Les artériopathies de l'aorte et des membres inférieurs, C. Boissier et J.-L. Guilmot, 1999.

Les diarrhées aiguës de l'enfant, C. Dupont, 1999.

Les cancers broncho-pulmonaires. Vérités polémiques et nouveautés futures, B. Lebeau, 1999.

Les bronchopneumopathies chroniques obstructives, T. Similowski, J.F. Muir et J.P. Derenne, 1999.

Le cancer de la prostate, O. Cussenot et P. Teillac, 2000.

L'athérosclérose, J. Emmerich et P. Bruneval, 2000.

Les infections ostéo-articulaires, D. Peyramond et A. Boibieux, 2000.

Le ralentissement de la progression de l'insuffisance rénale, G. Bobrie, 2000.

Le cancer du rein de l'adulte, G. Benoît, 2000.

Troubles dépressifs et personnes âgées, H. Lôo et T. Gallarda, 2000.

Les antagonistes des récepteurs de l'angiotensine 2, X. Girerd, 2000.

Statines et fibrates, J.-C. Fruchart, 2000.

Pneumonies, P. Léophonte, 2001.

Poids et obésité, J.-M. Lecerf, 2001.

Les endocardites infectieuses, B. Hoen, 2001.

Les psychoses, P.-M. Llorca, 2001.

Actualités dans l'insuffisance cardiaque, J.-P. Bounhoure, 2001.

Vascularisation tumorale et traitements anticancéreux, É. Lartigau, M. Guichard, B. Vandenbunder, É. Vicaut, 2002.

Dyslipidémies du diabétique, M. Farnier, 2002.

Les pathologies du vieillissement masculin, J.-M. Kuhn, L. Sibert, 2002.

La rhinite allergique, P. Demoly, J. Bousquet, 2002.

Qualité de vie et cancérologie, S. Schraub, T. Conroy, 2002.

L'ulcère de jambe chez la personne âgée, S. Meaume, C. Debure, I. Lazareth, L. Téot, 2002 *(à paraître).*

Épilepsies : stratégies thérapeutiques chez l'adulte, M. Baulac, 2002.

L'ostéoporose, R. Chapurlat, P. Delmas, M. Arnaud, 2003.